HSK 1 Workbook: Vocabulary, Sentences & Writing to pass the test!
田字格 PAPER

By Zhuan Yi

2nd Edition

你好！欢迎/Welcome！ to the wonderful world of learning Chinese. Everyone has to start somewhere and that is why Hanyu Shuiping Kaoshi (HSK) exists. This book will cover HSK 1 and first 153 words to get your ready to take the test.

*Tian zi ge paper (*田字格*)* is used as the foundation for every serious Chinese students studying. The Tian zi ge paper is divided into four sections with the aim of guiding the writer to clearly write each character. All across China, Taiwan and other countries you will see primary students doing the same practice you are about to start.

In this book you will learn your first 153 words by writing all 150+ words multiple times.

- In part one, every page will include a single character and 5 practice sections.

- In part two, a single section per character is seen with example sentences to help you remember how to use each word.

Good luck! 加油！

1. 一 (yī) - One

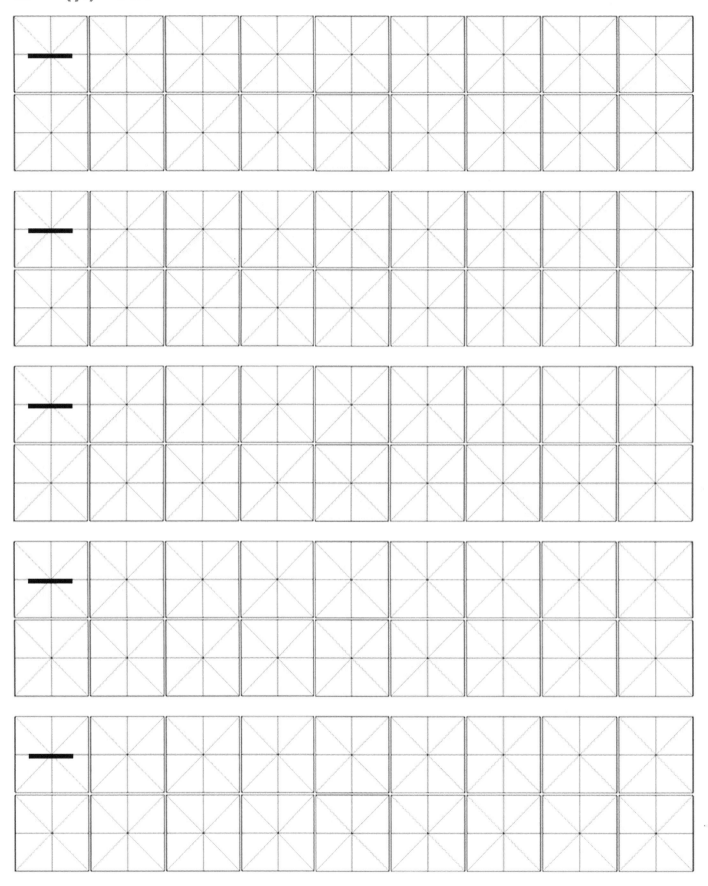

2. 二 (èr) - Two

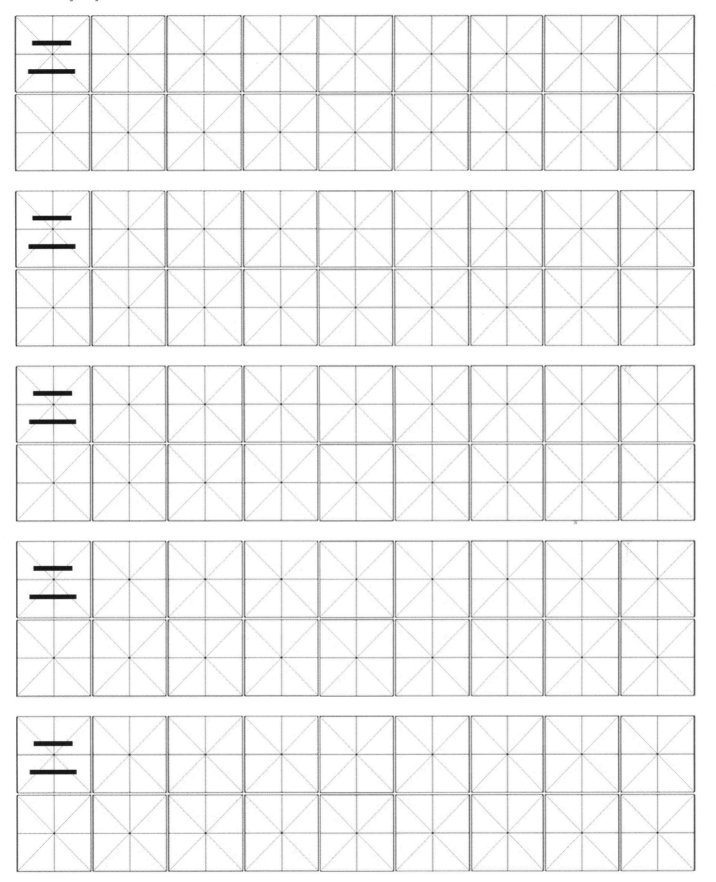

3. 三 (sān) - Three

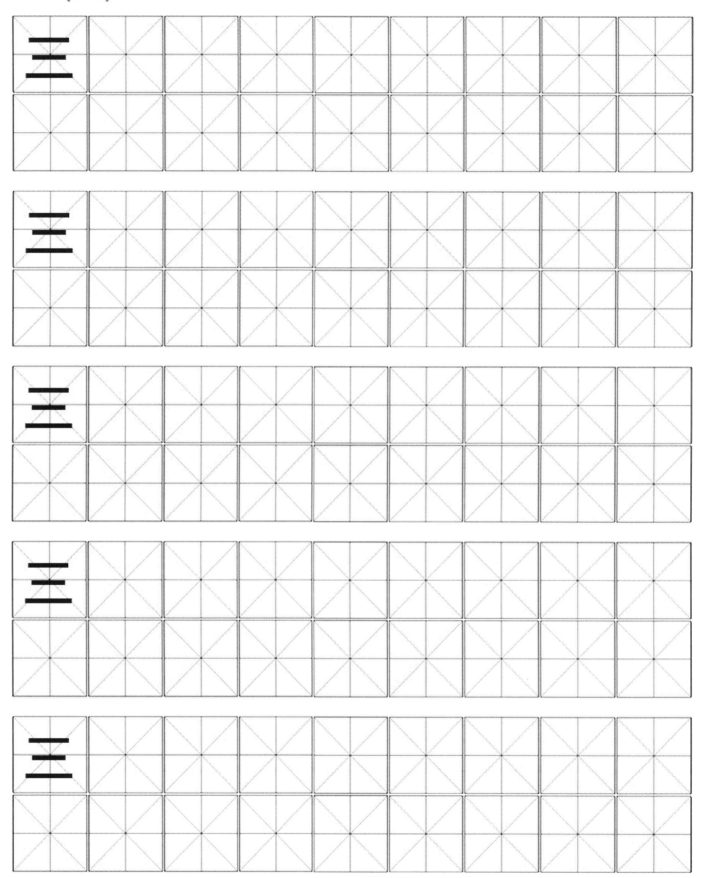

4. 四 (sì) - Four

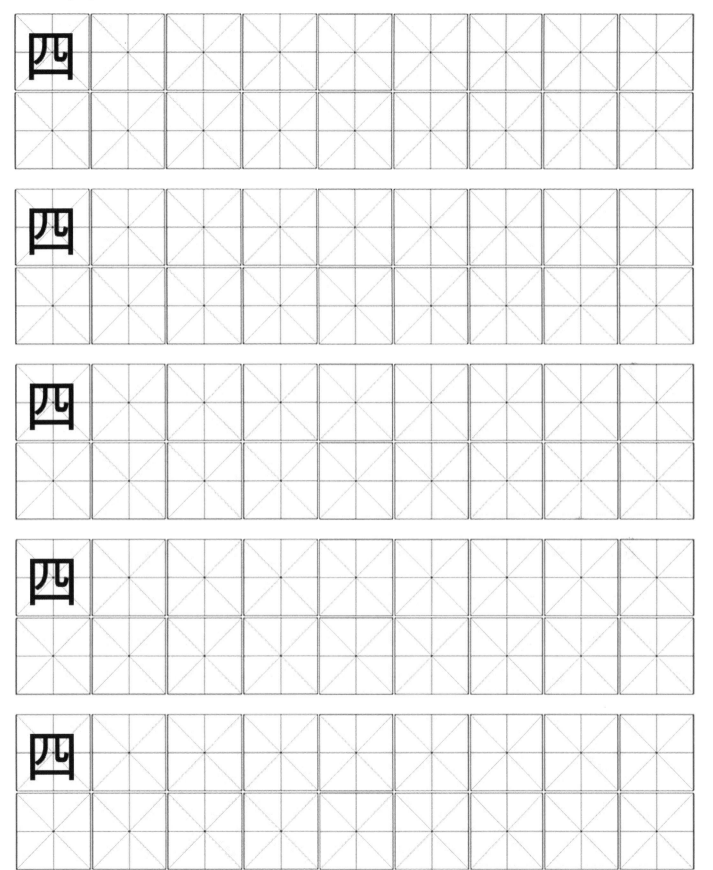

5. 五 (wǔ) - Five

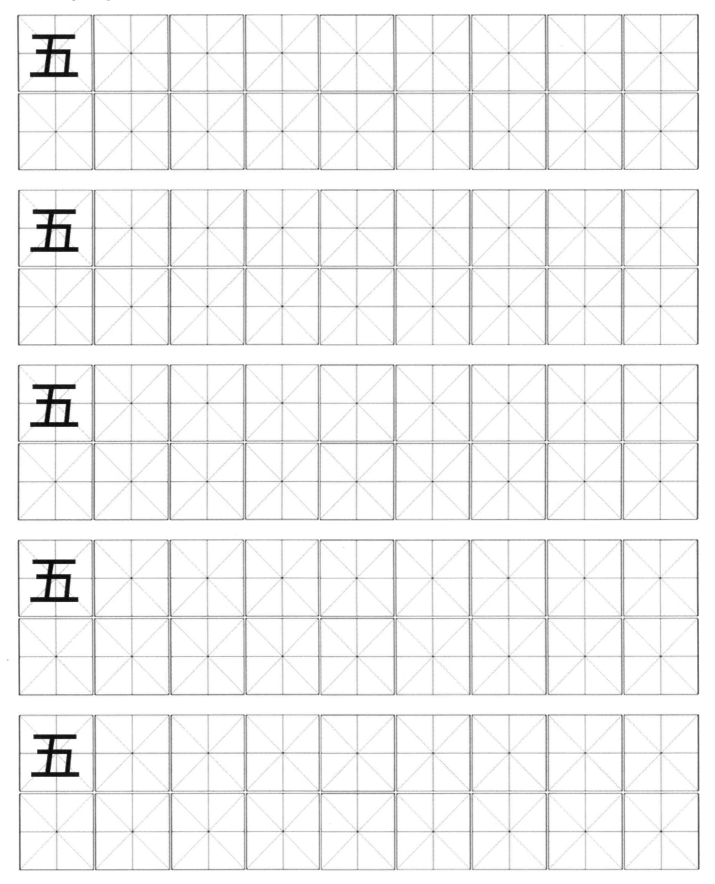

6. 六 (liù) - Six

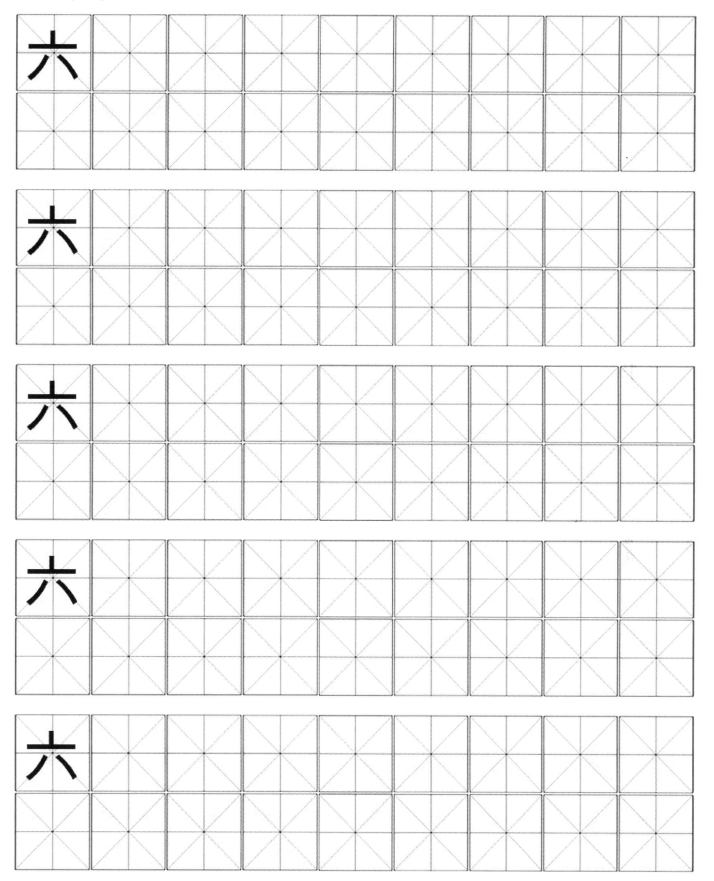

7. 七 (qī) - Seven

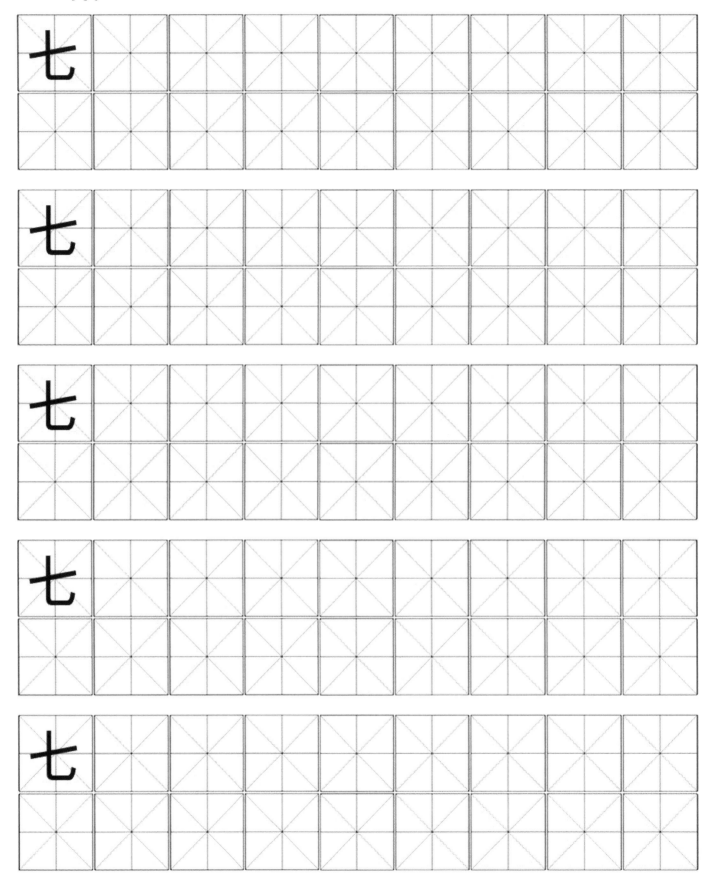

8. 八 (bā) - Eight

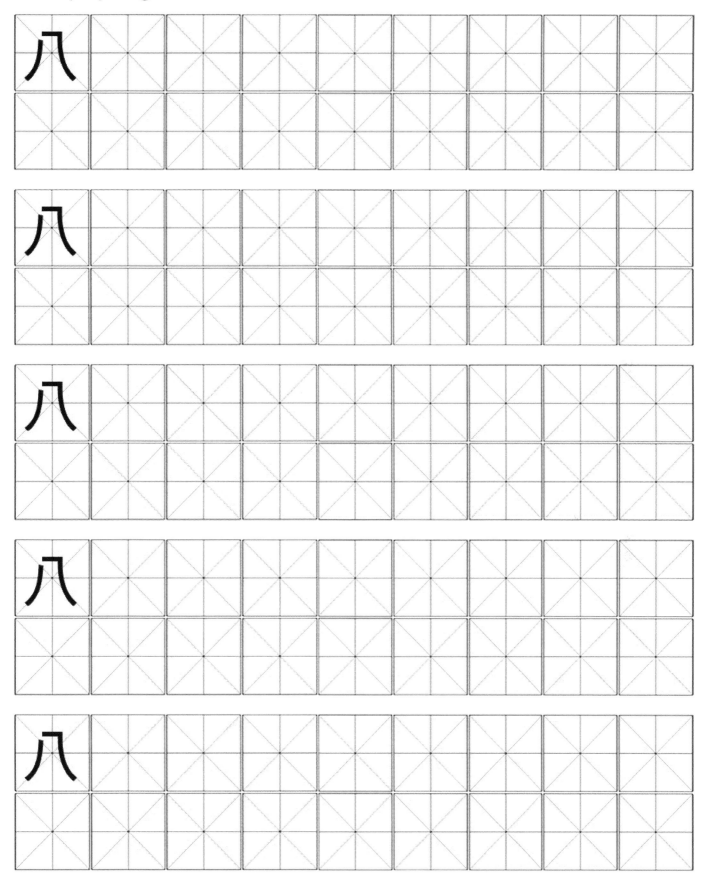

9. 九 (jiǔ) - Nine

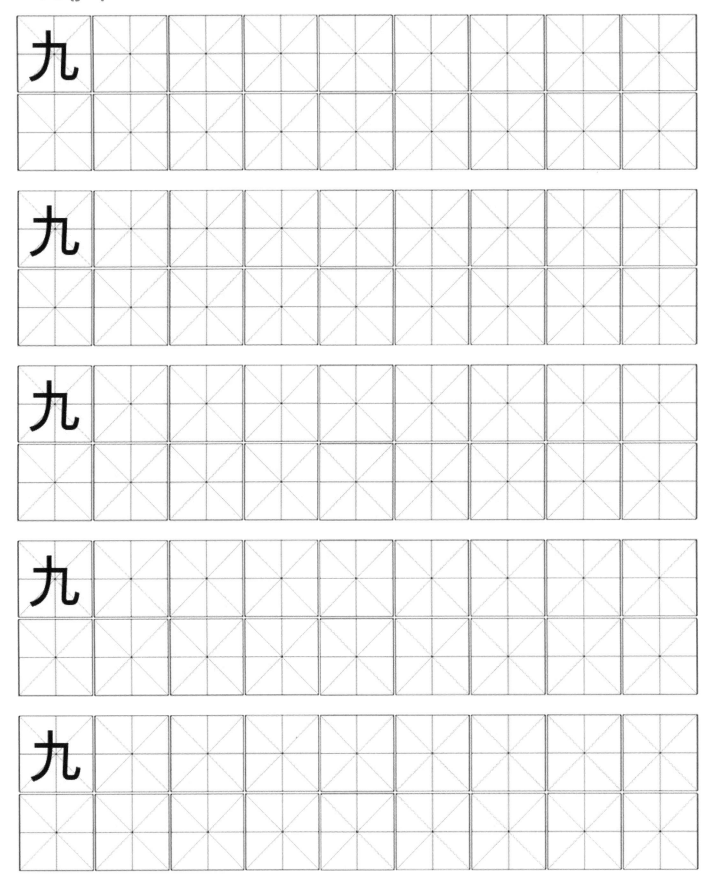

10. 十 (shí) - Ten

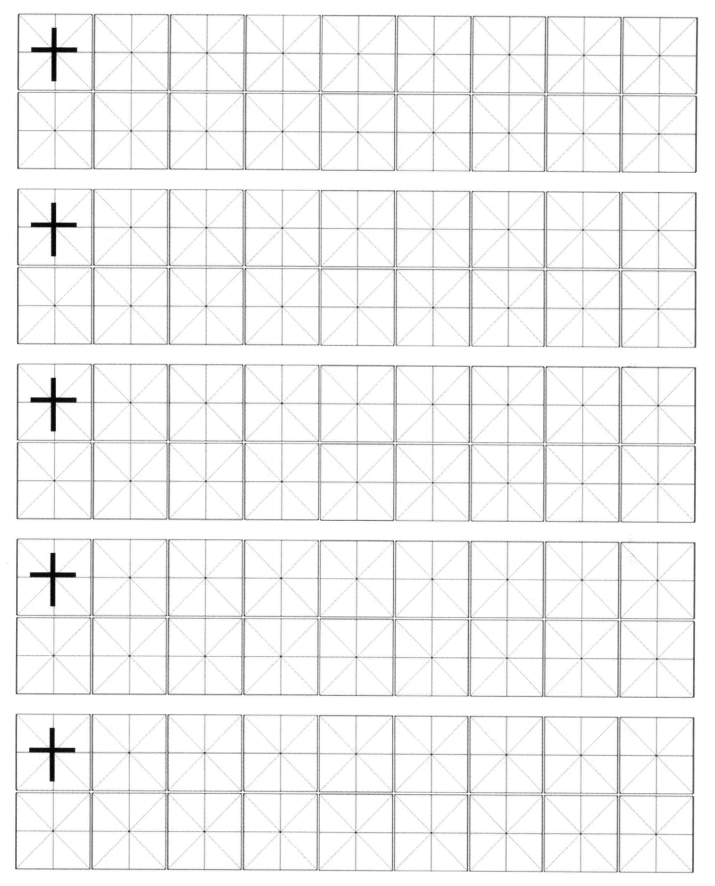

11. 零 (líng) - Zero

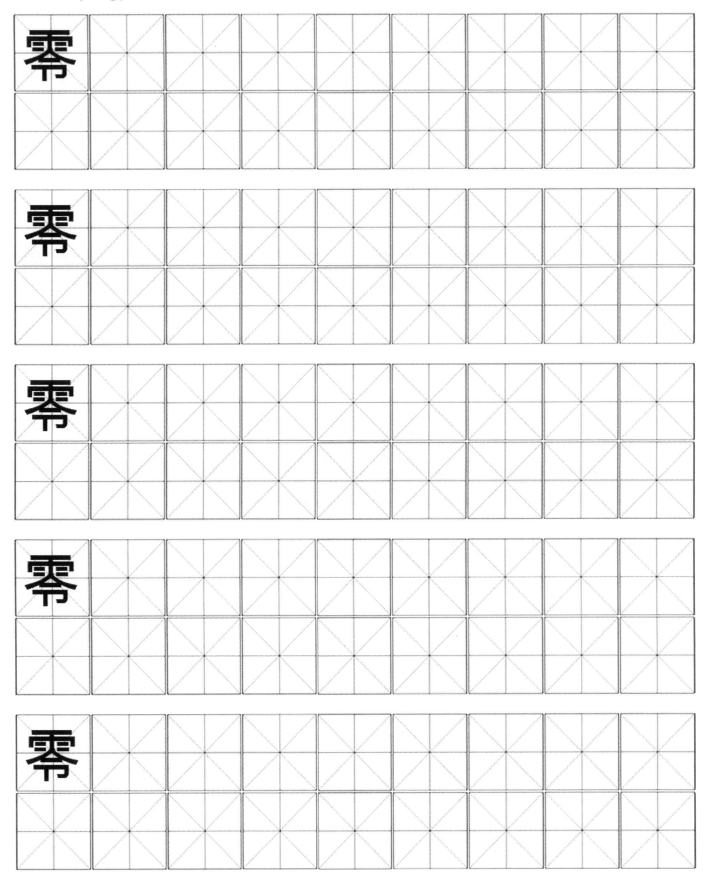

12. 个 (gè) - One, a, an or measure word

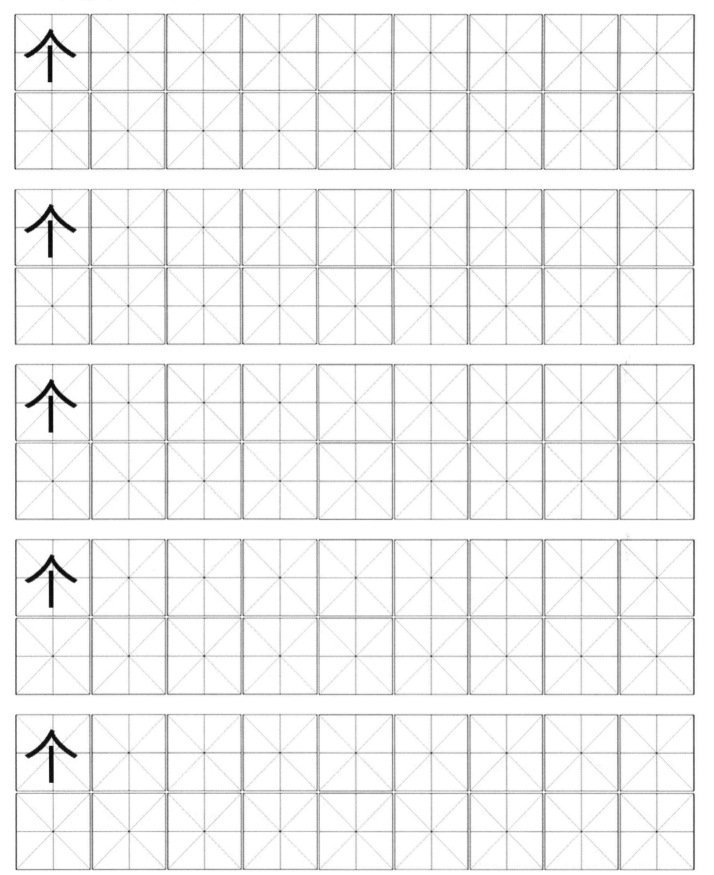

13. 我 (wǒ) - I, me

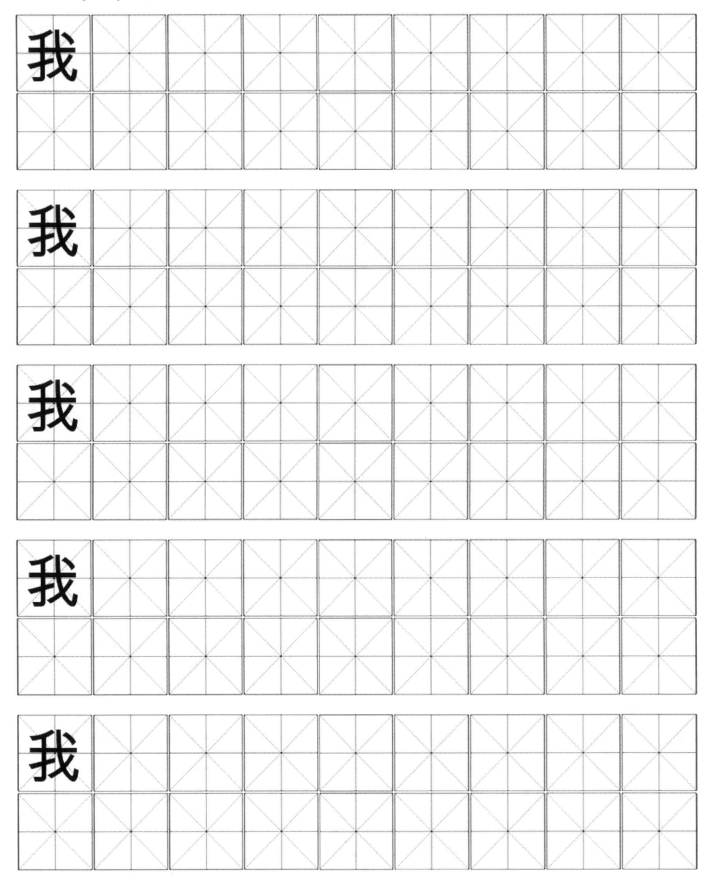

14. 我们 (wǒmen) - We, us (pl.)

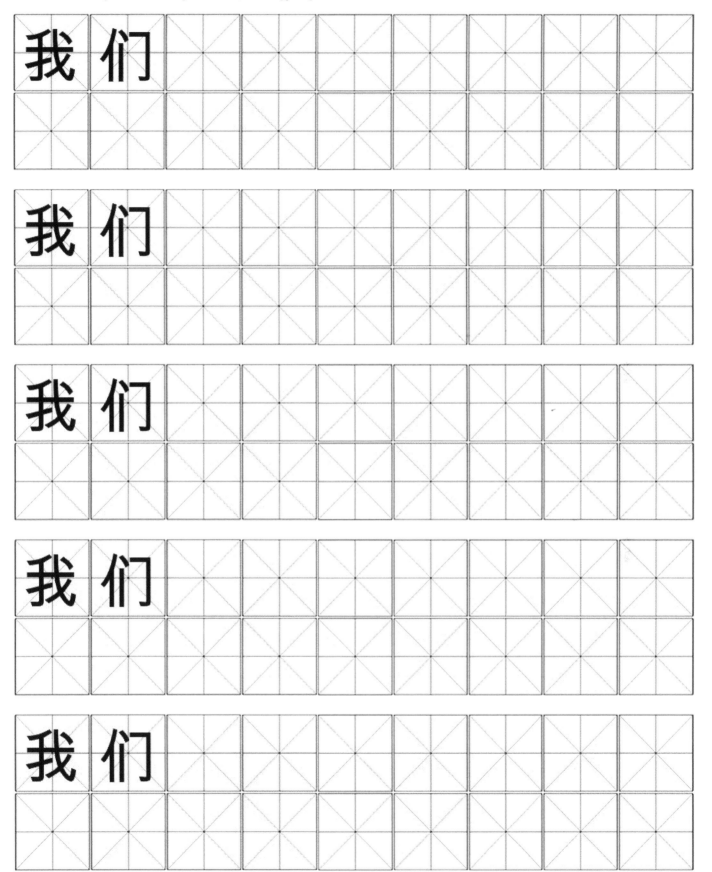

15. 你 (nǐ) - You

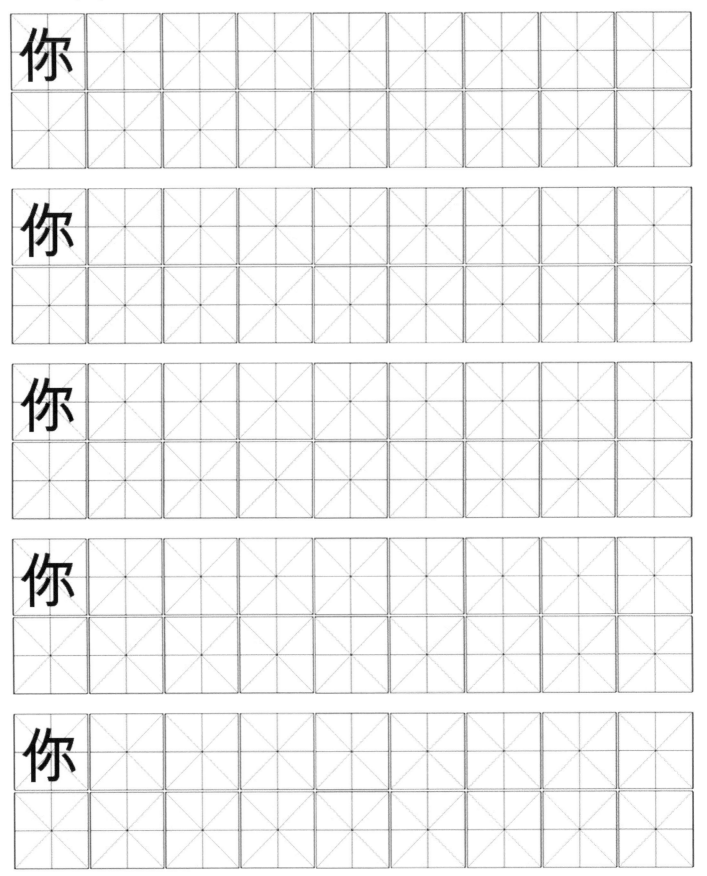

16. 你们 (nǐmen) - You (pl.)

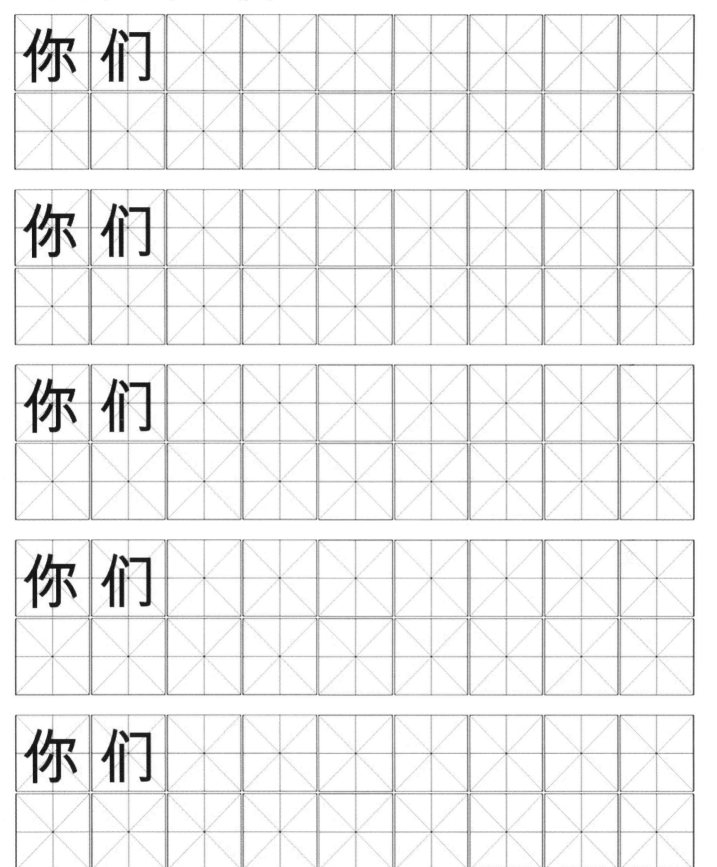

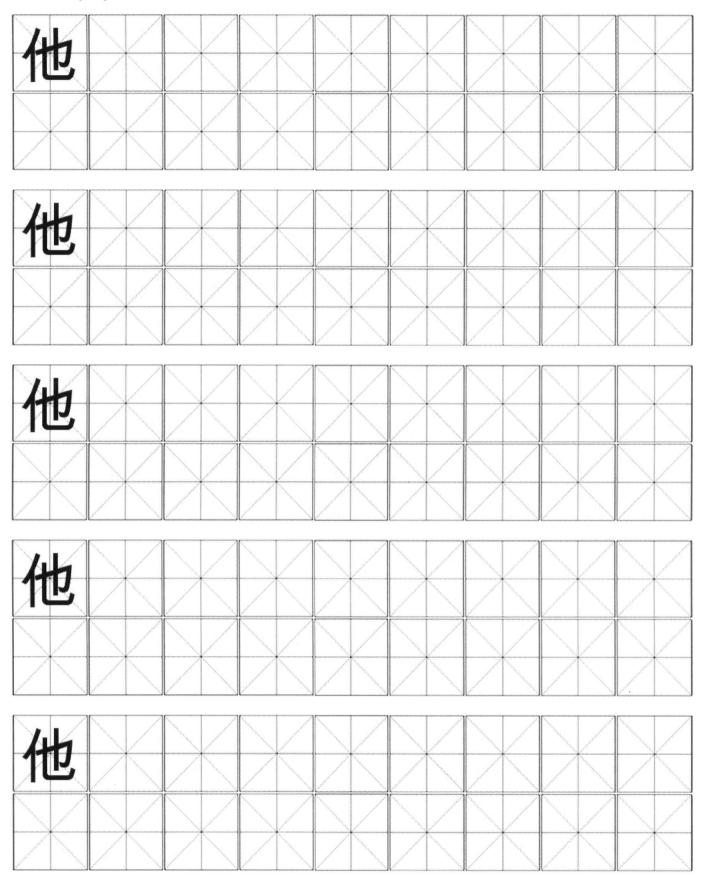

18. 她 (tā) - She, her

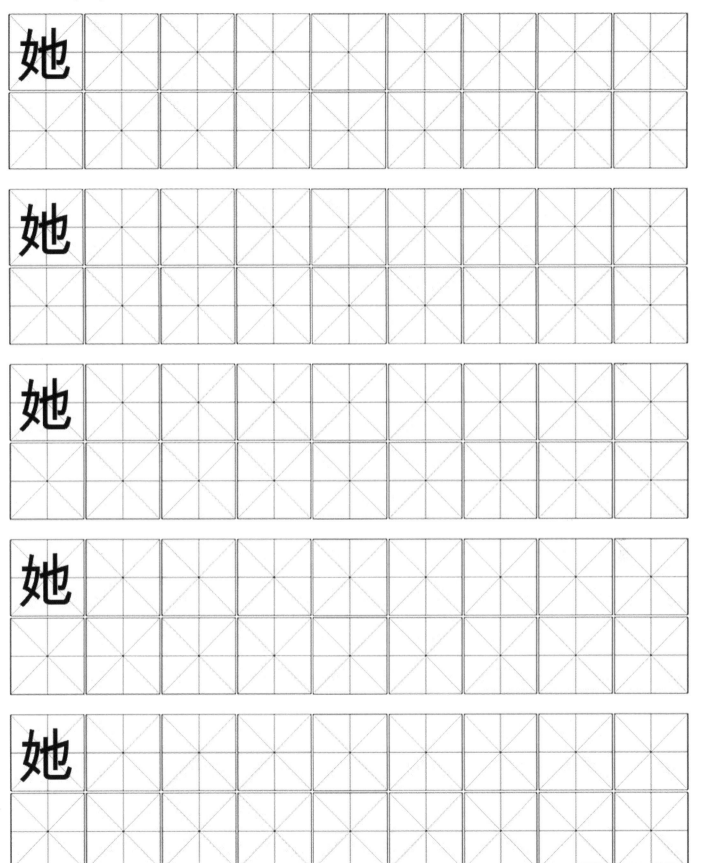

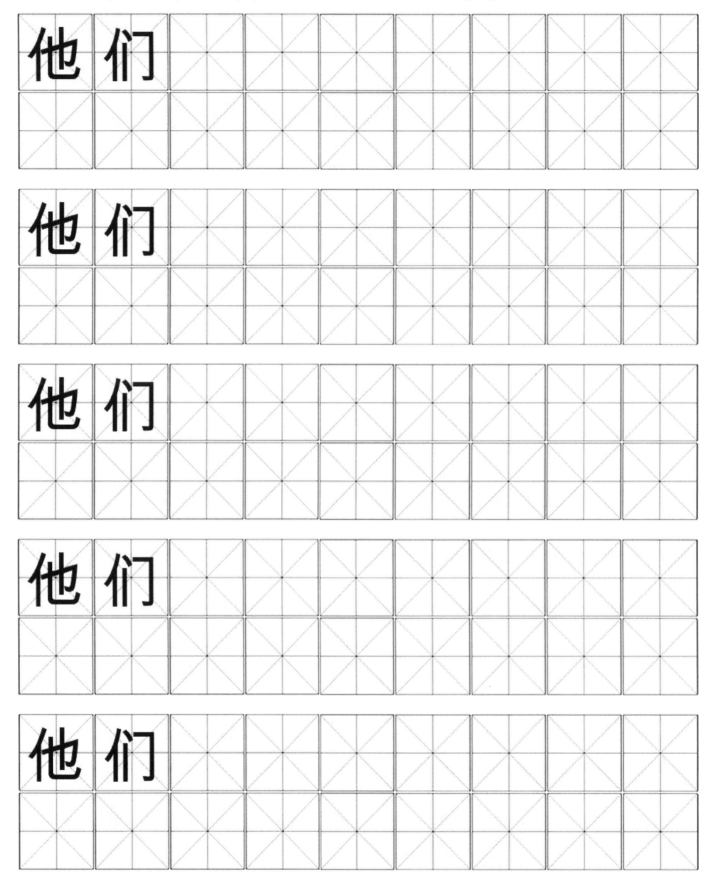

20. 她们 (tāmen) - They (females, pl.)

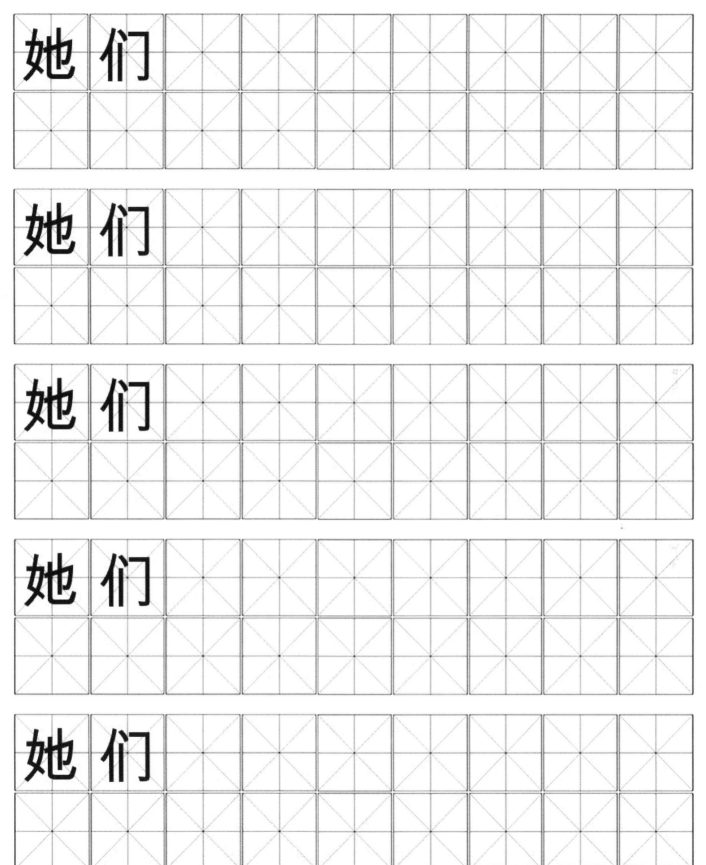

21. 这 (zhè) - This, here

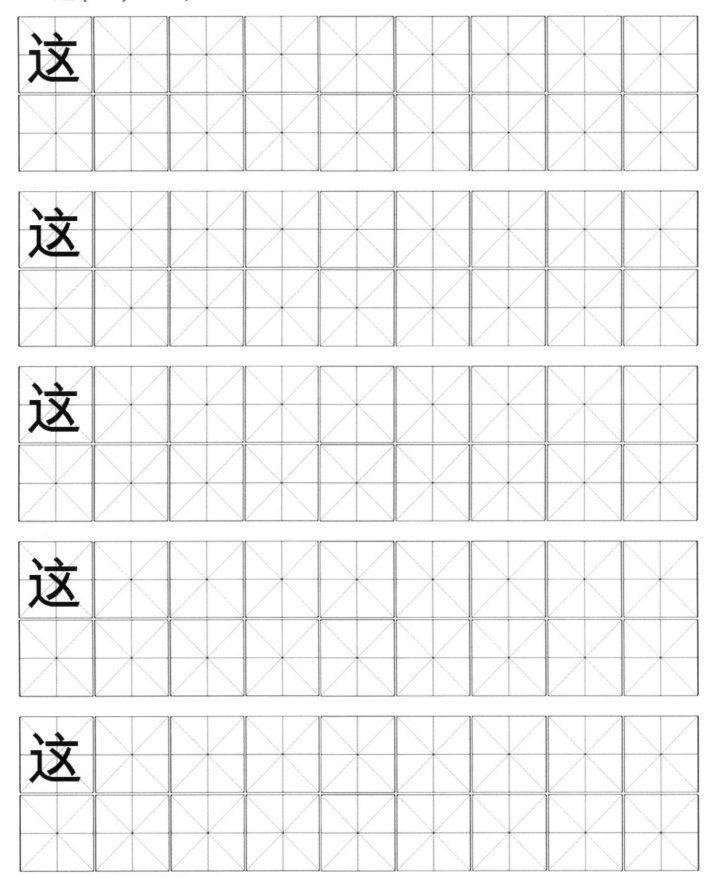

22. 哪 (nǎ) - Where

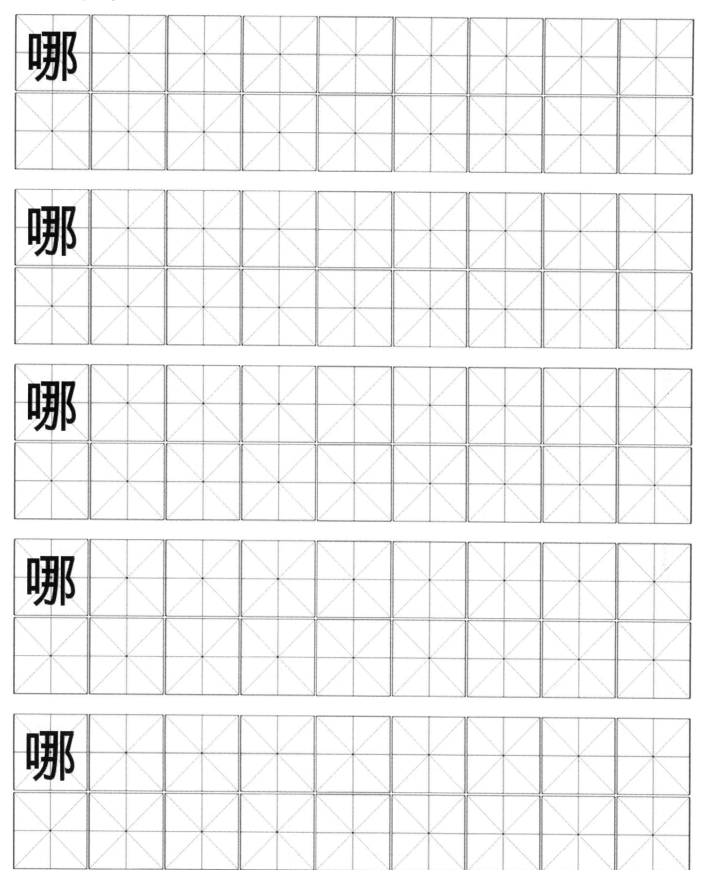

23. 那 (nà) - There, that

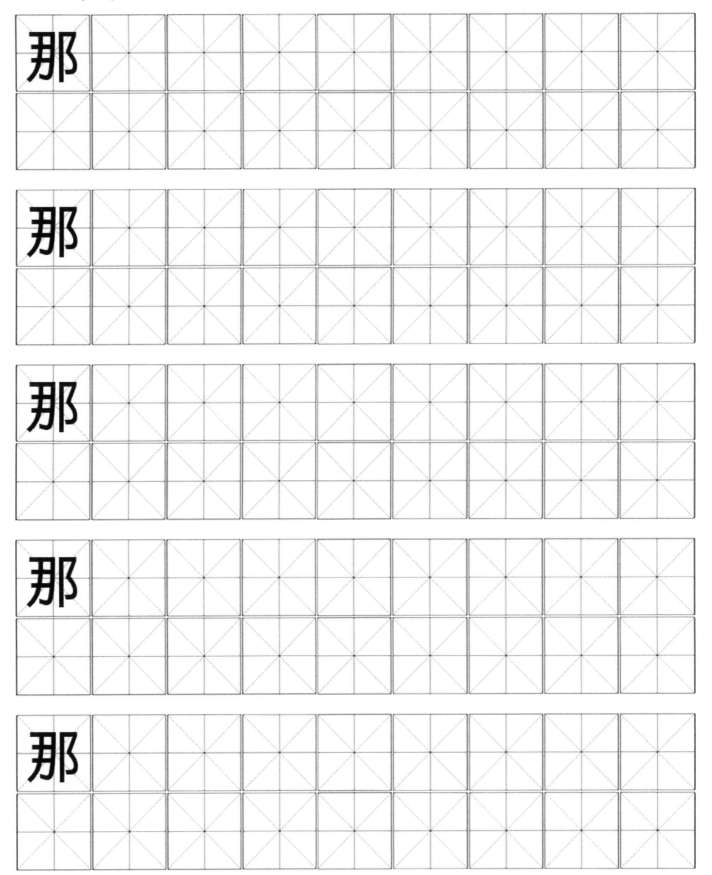

24. 谁 (shéi) - Who

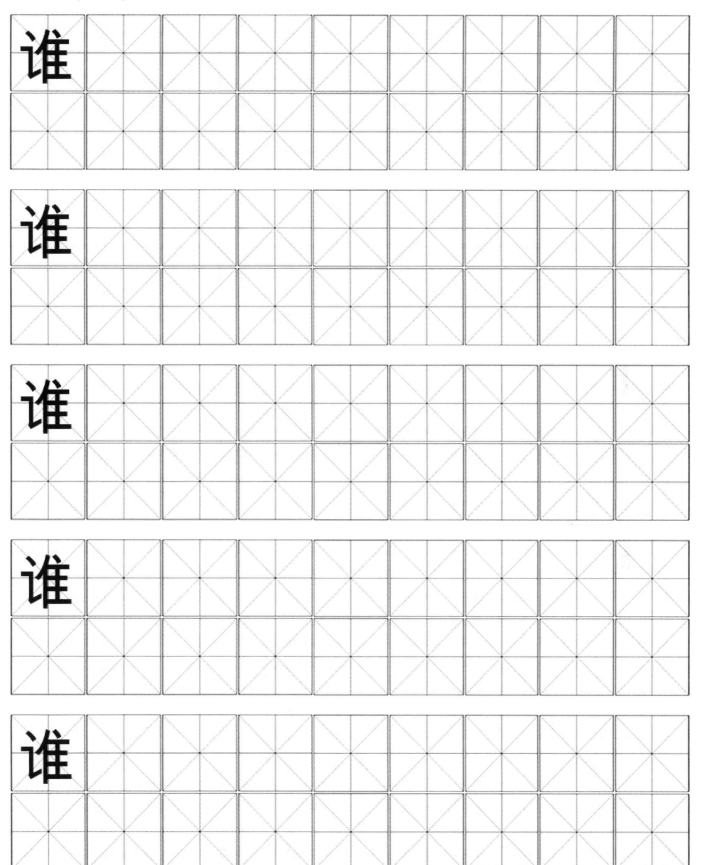

25. 什么 (shén me) - What, why

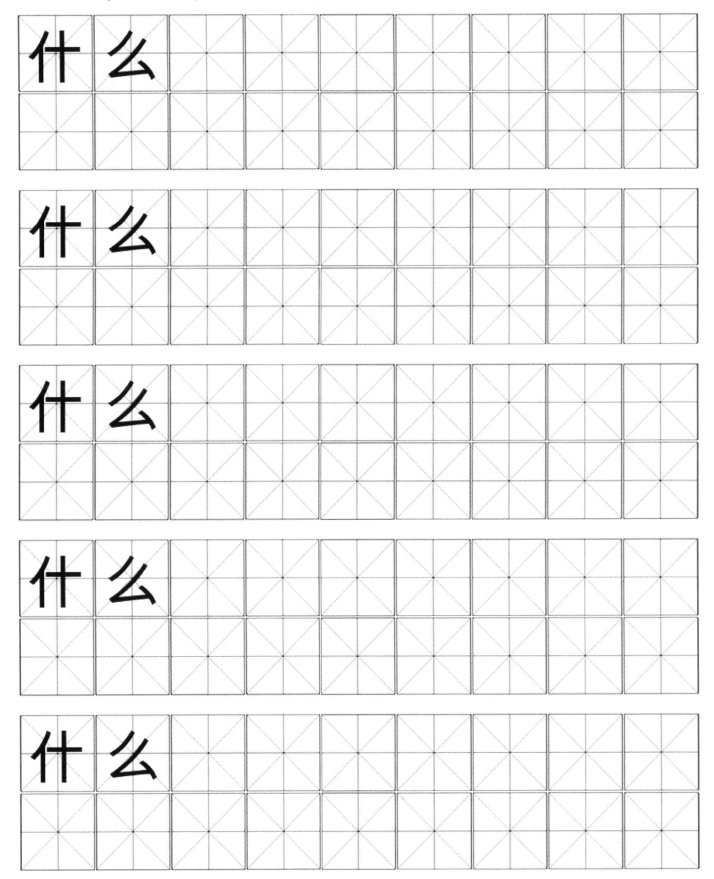

26. 多少 (duōshǎo) - How many, how much

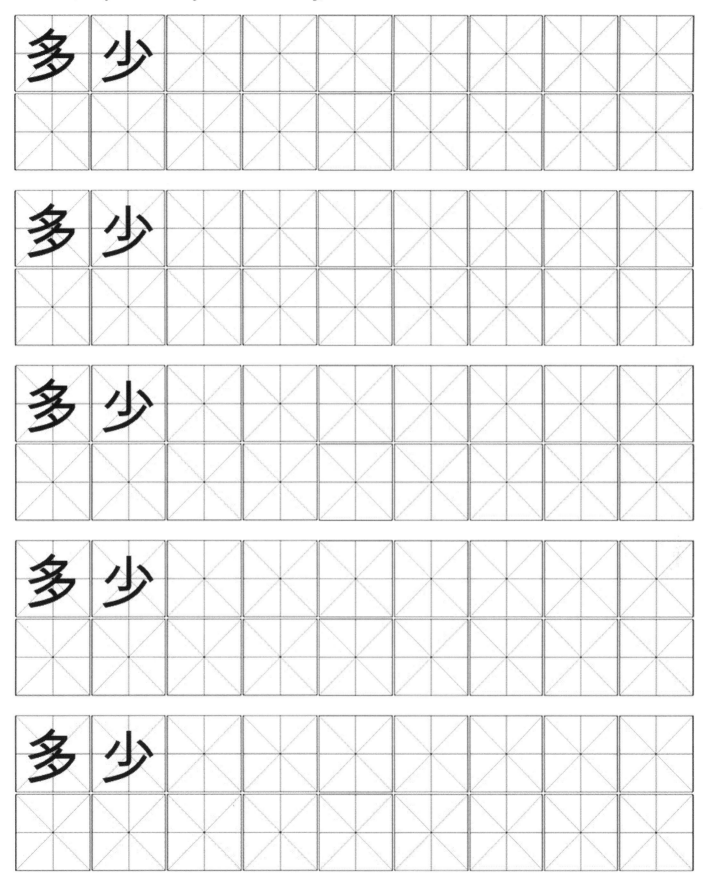

27. 几 (jǐ) - A few, how many

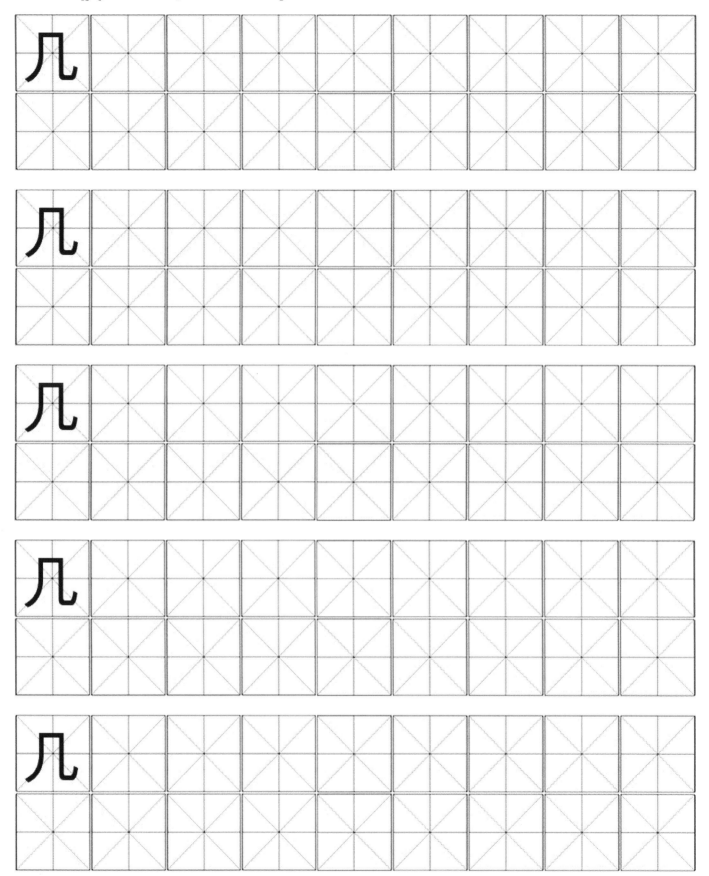

28. 怎么 (zěnme) - How

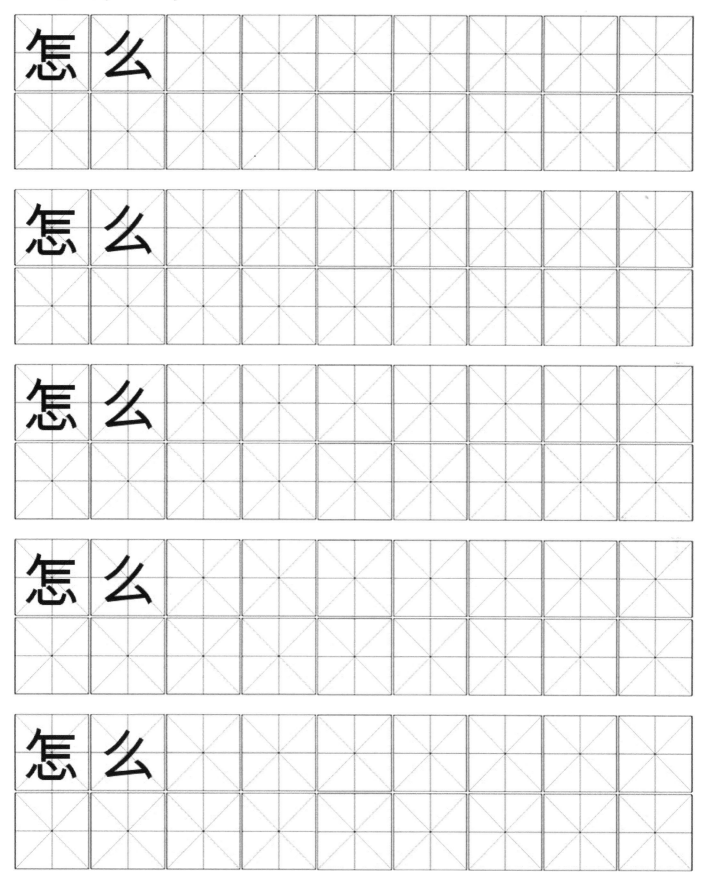

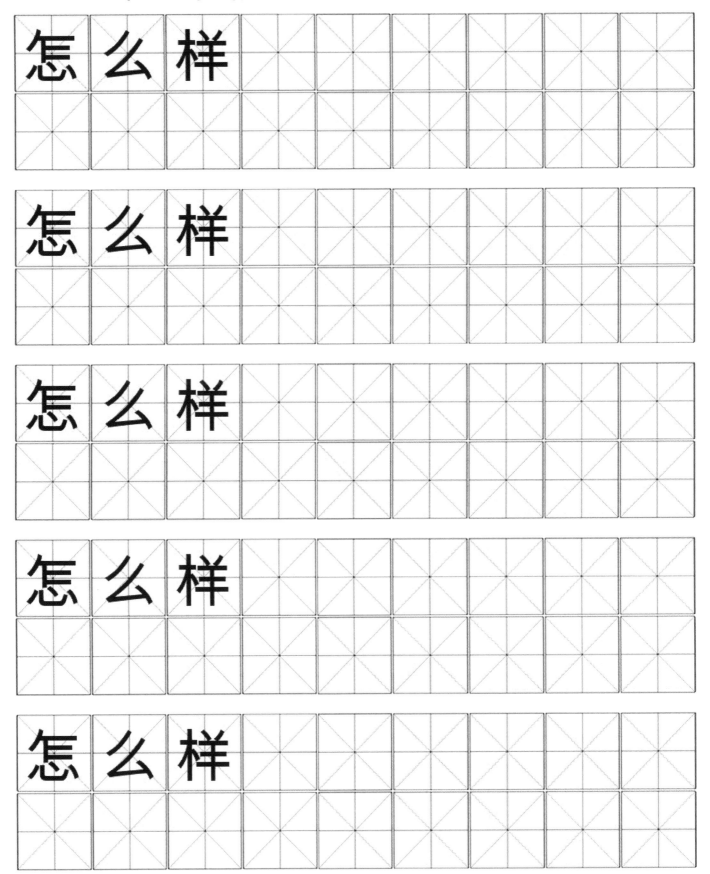

30. 岁 (suì) - Year

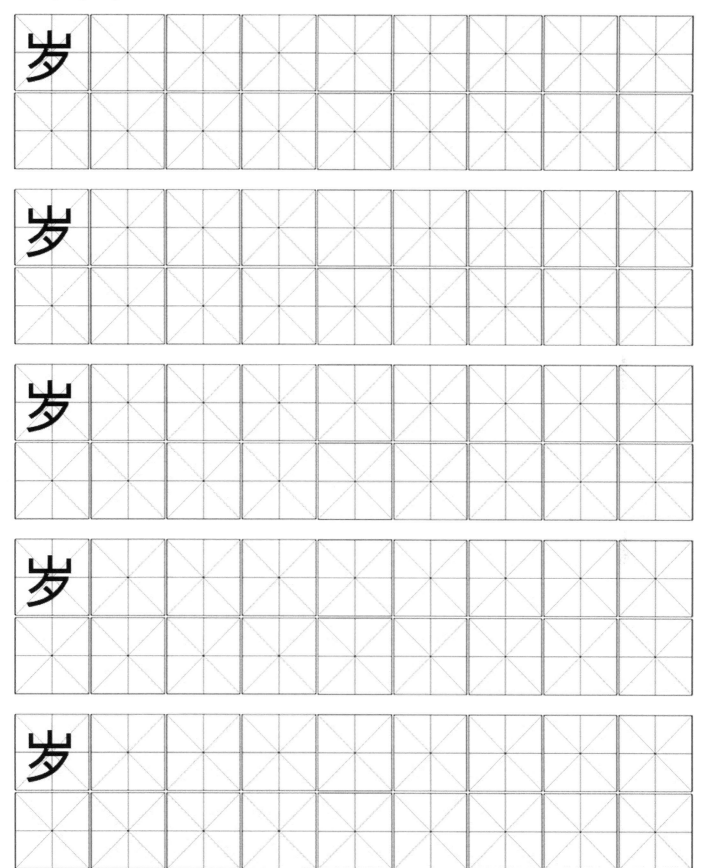

31. 本 (běn) - Volume

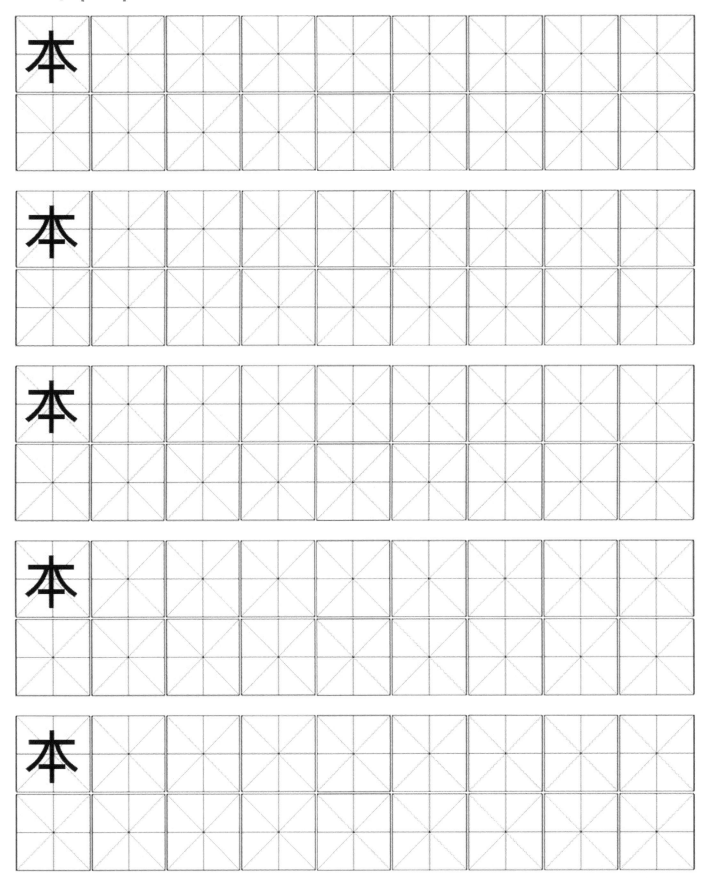

32. 些 (xiē) - Some

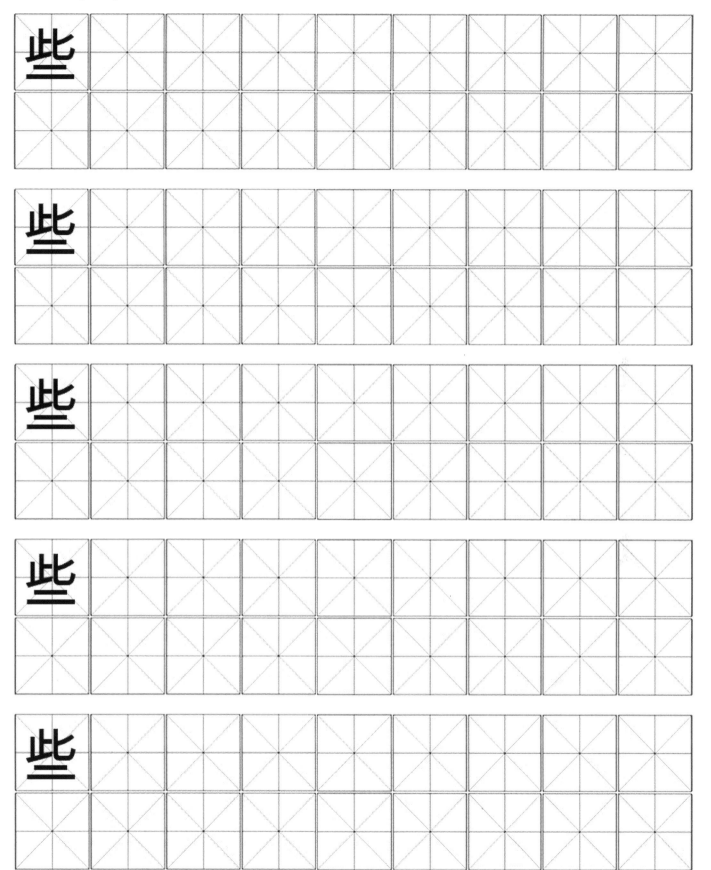

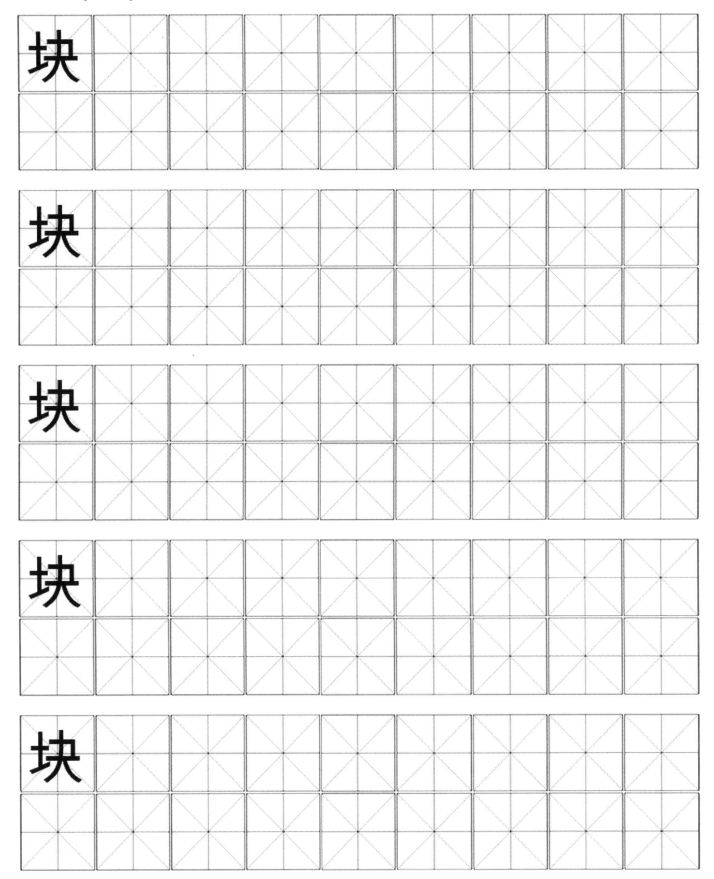

34. 不 (bù) - No

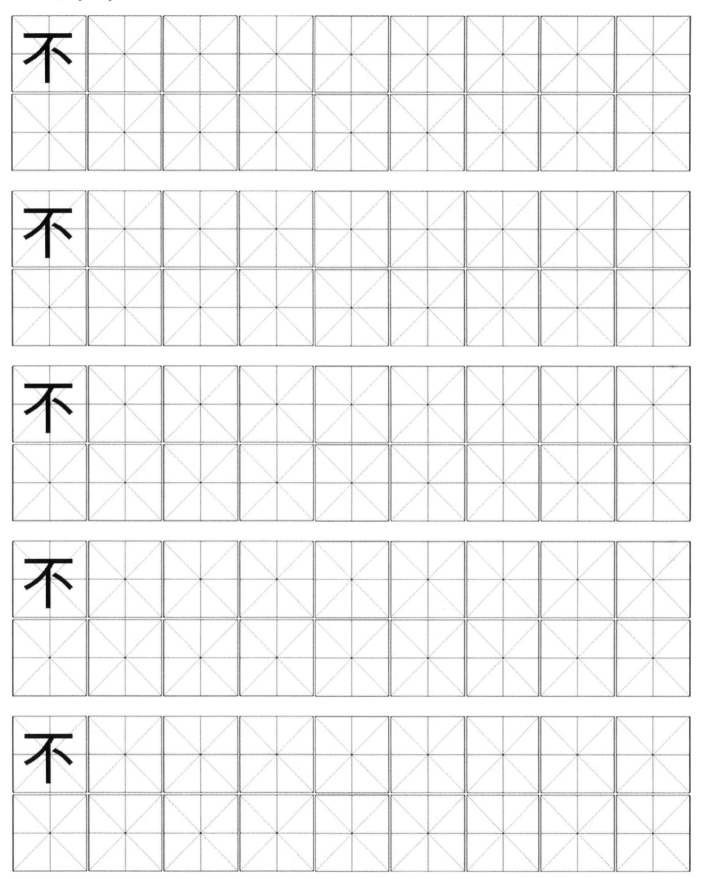

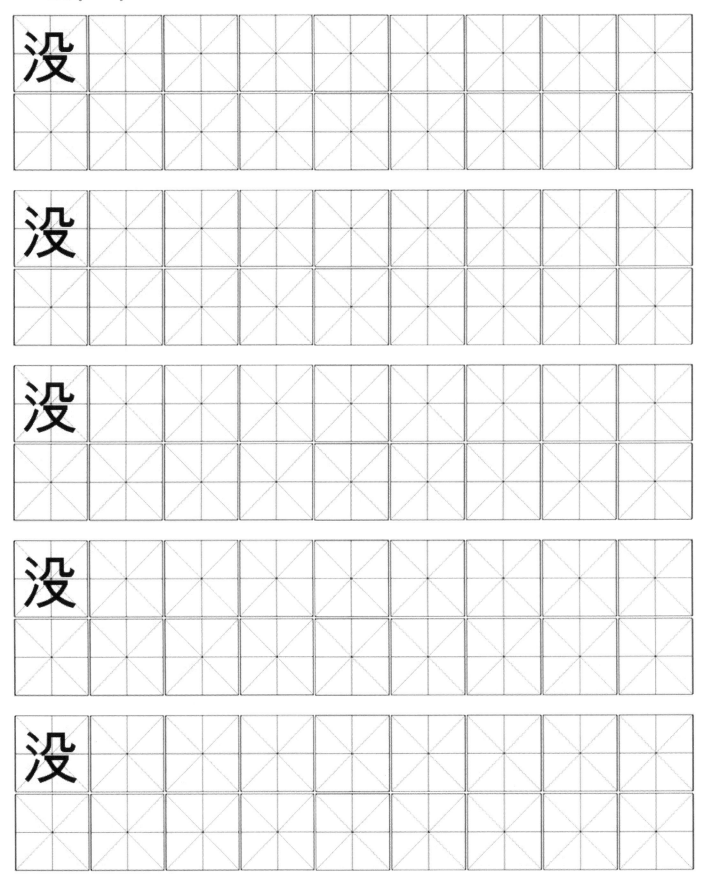

36. 很 (hěn) - Quite, very

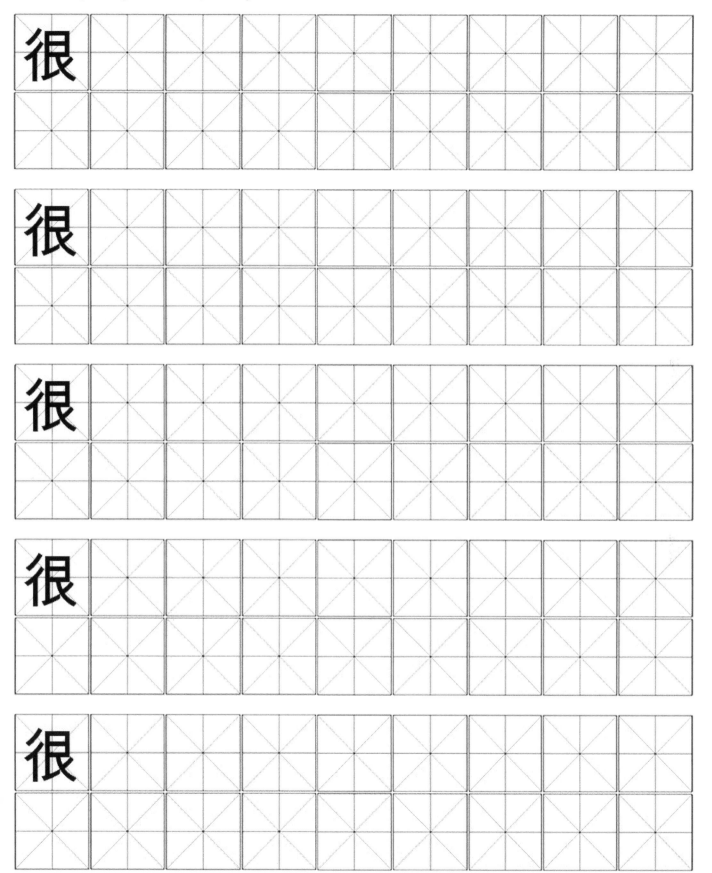

37. 太 (tài) - Too

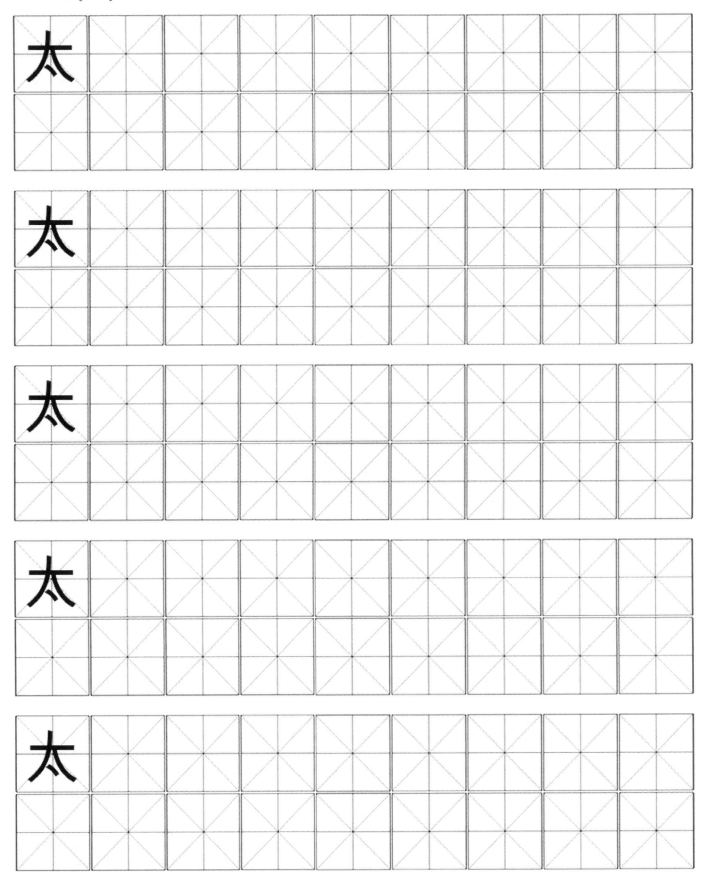

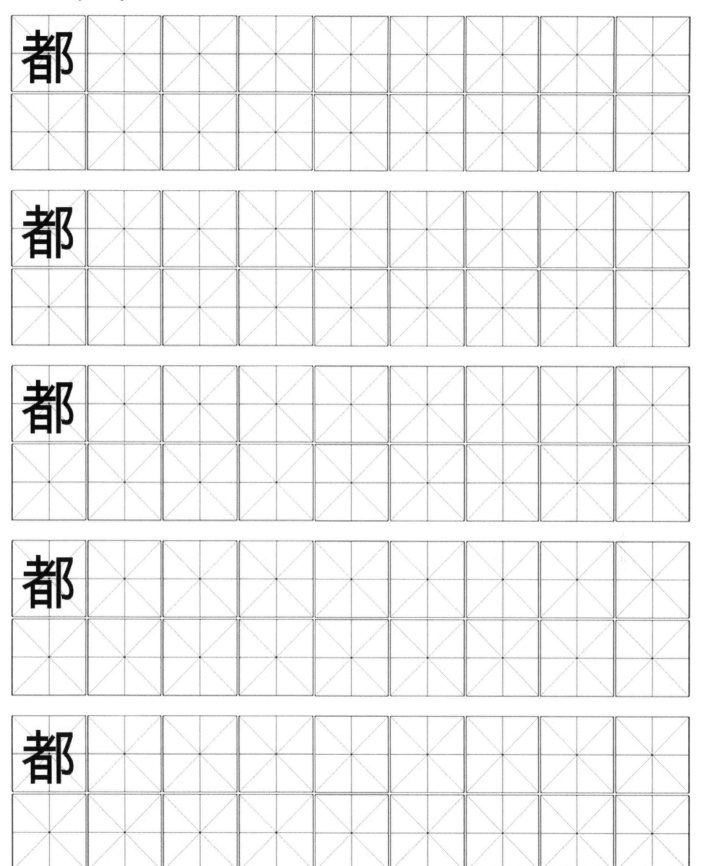

39. 和 (hé) - And

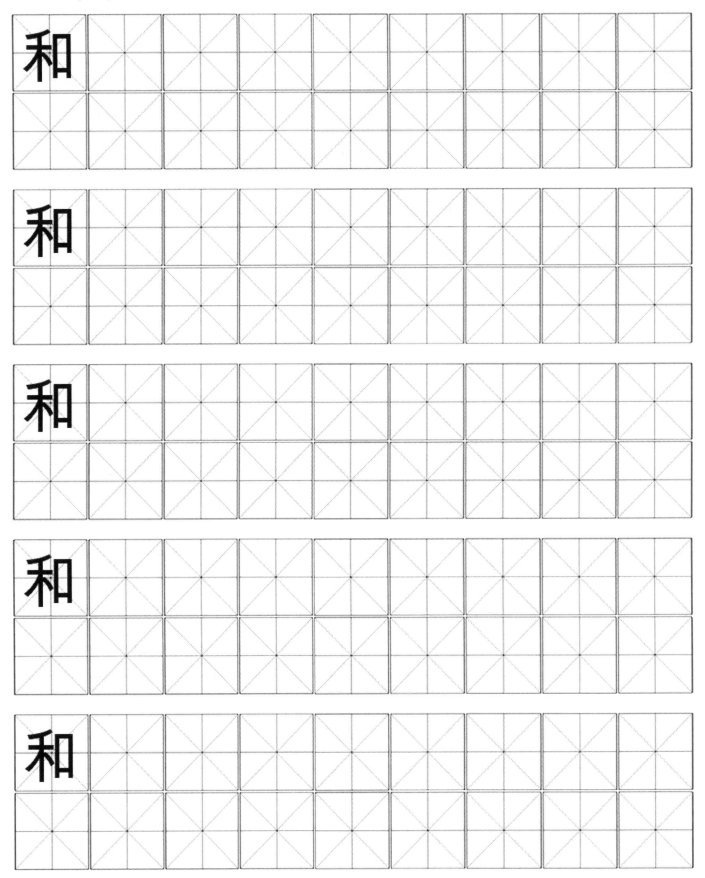

40. 在 (zài) - In, at

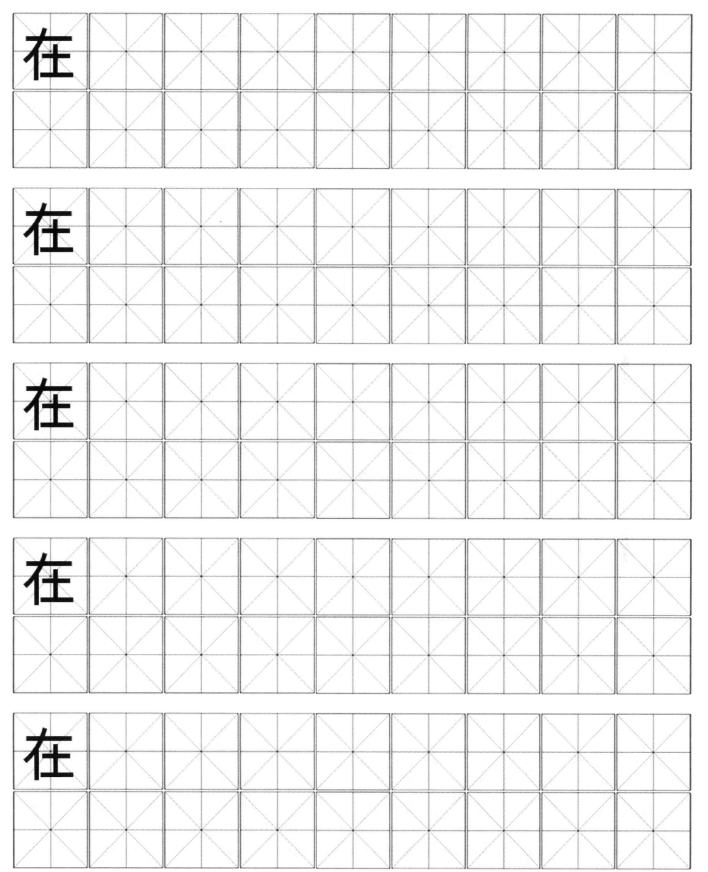

41. 的 (de) - Possession

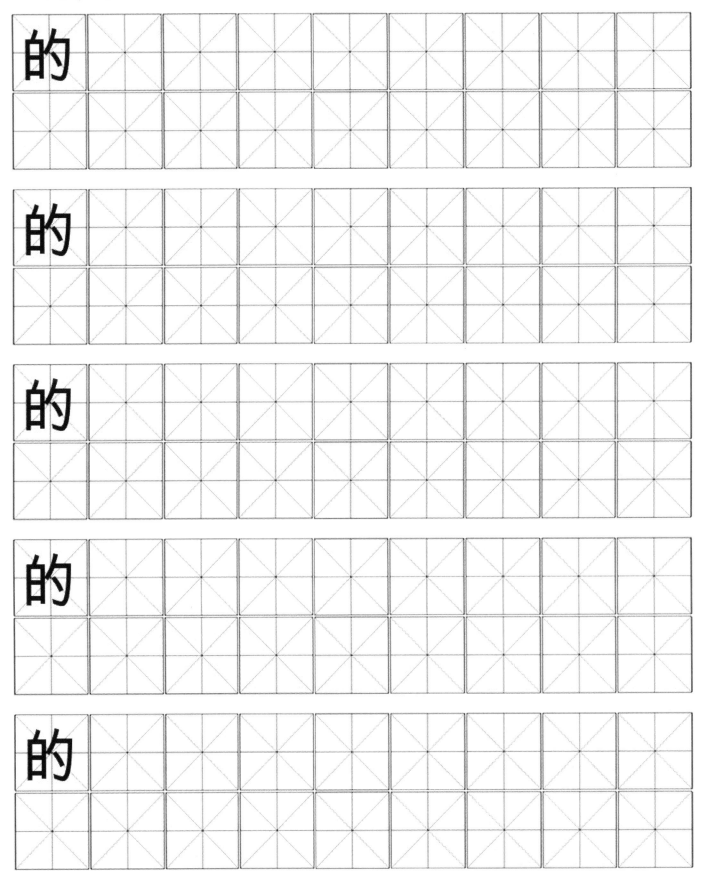

42. 了 (le) - Completion

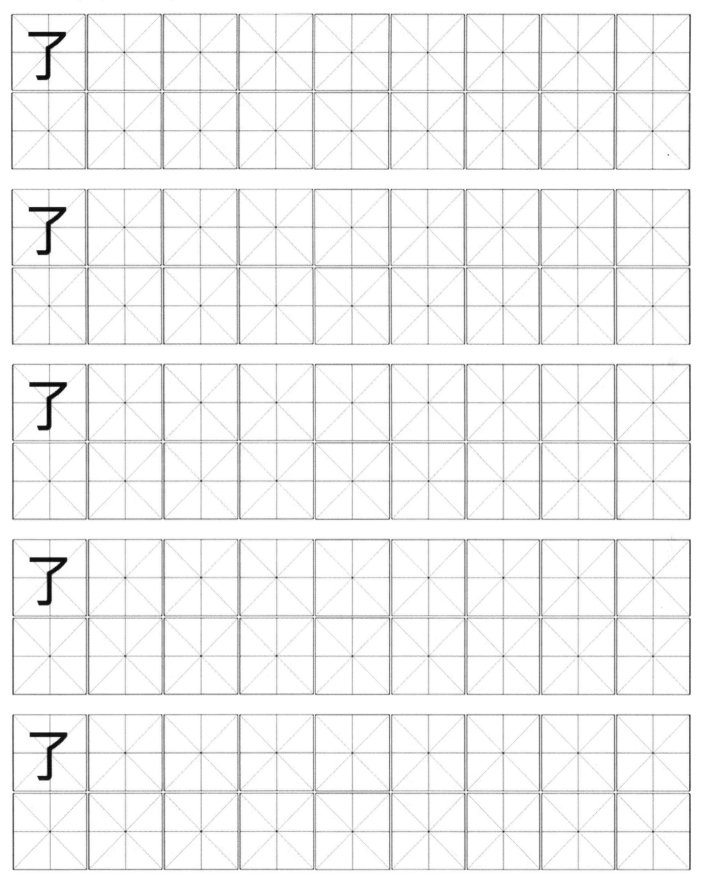

43. 吗 (ma) - Question particle

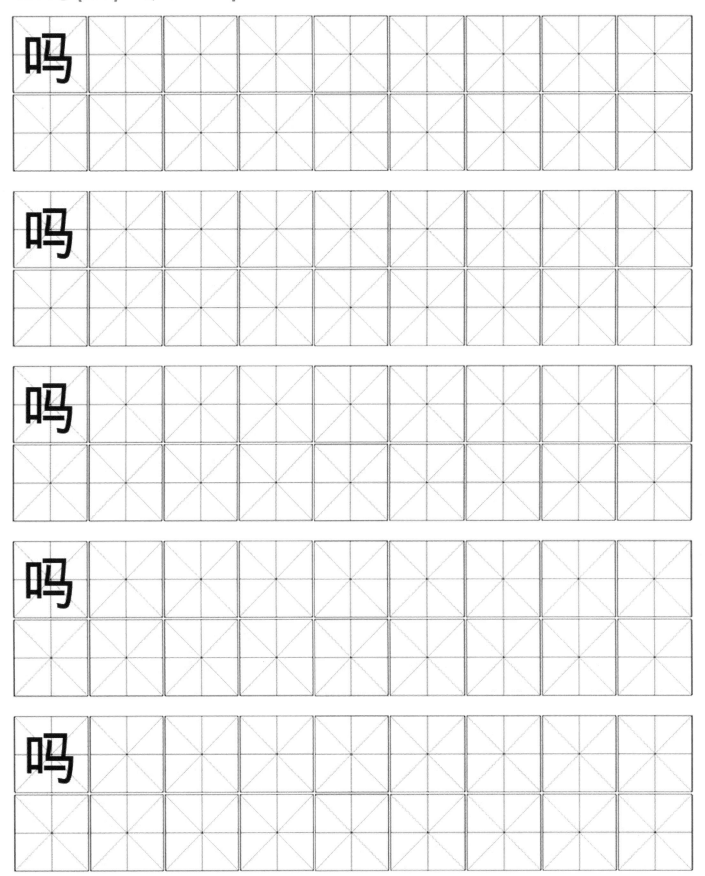

44. 呢 (ne) - "what about?" in relation to a previously asked question

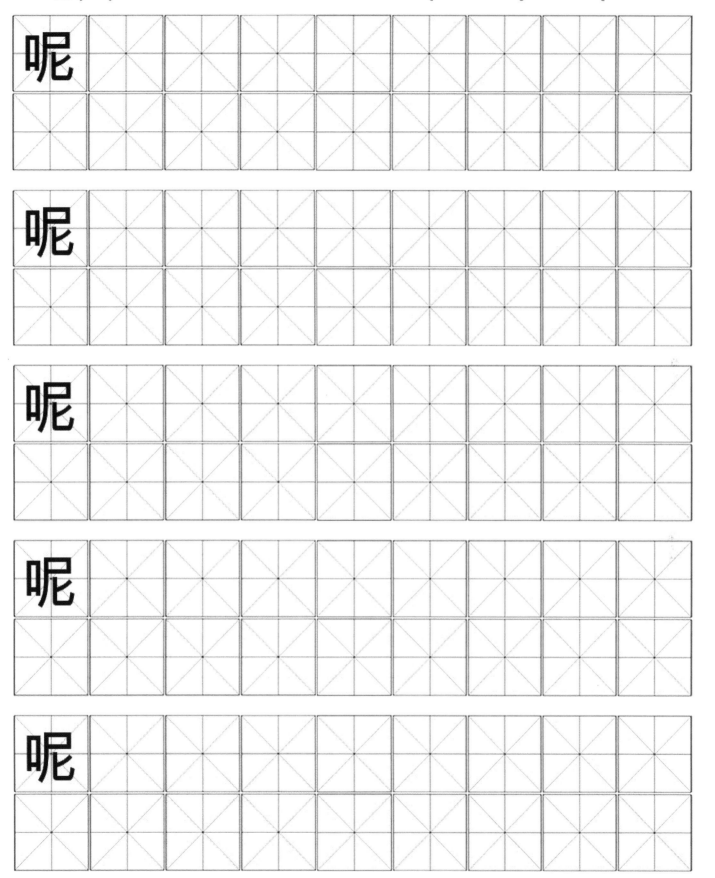

45. 喂 (wèi) - Hello

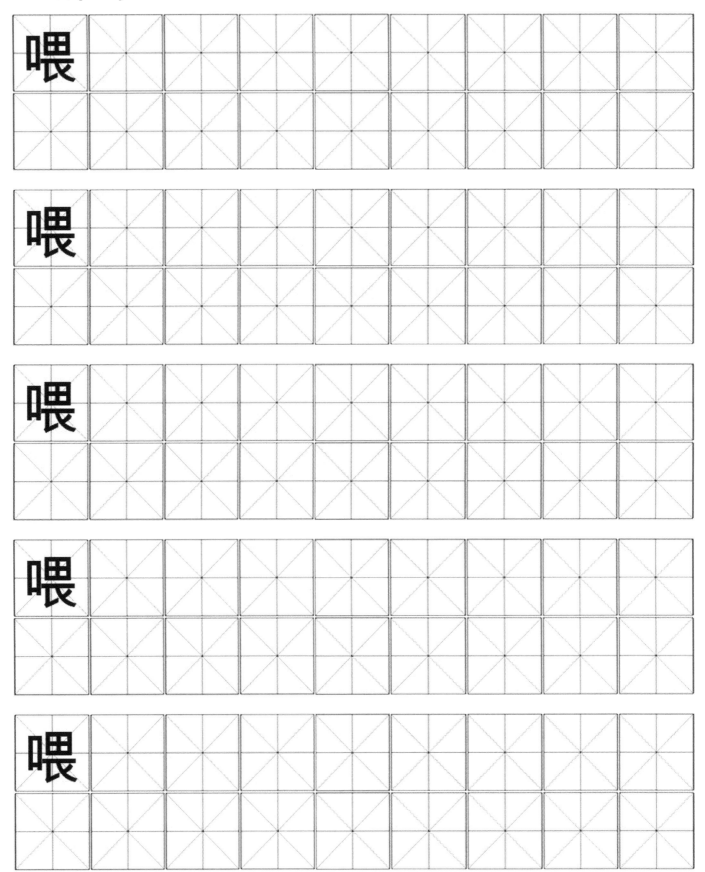

46. 家 (jiā) - Home

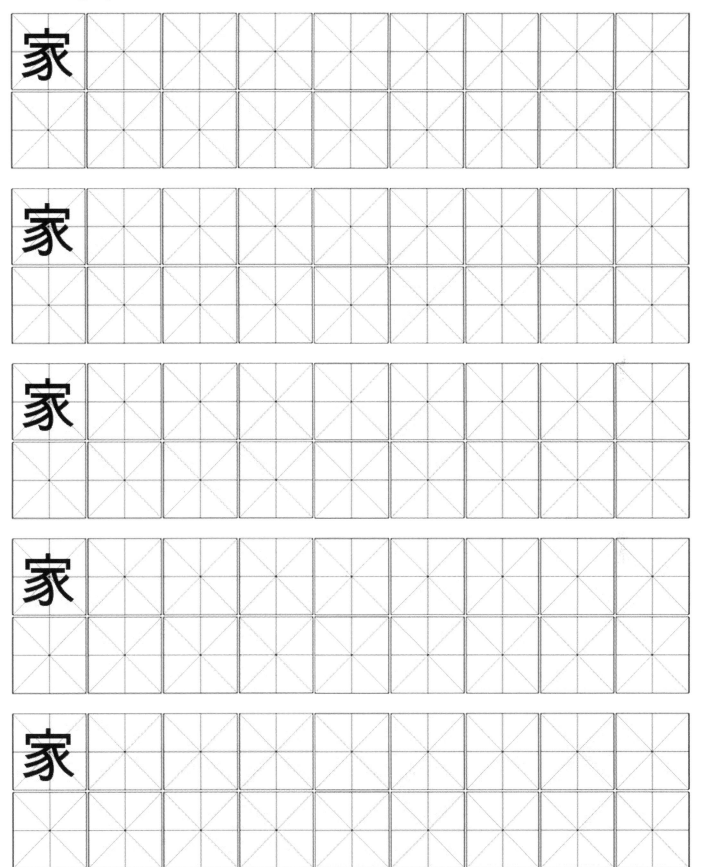

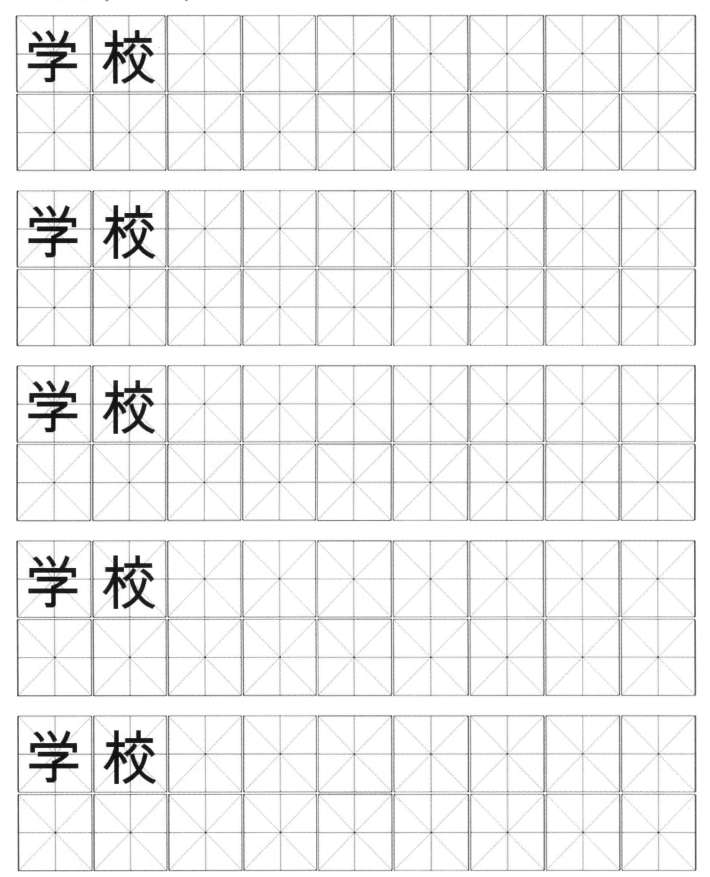

48. 饭店 (fàndiàn) - Restaurant

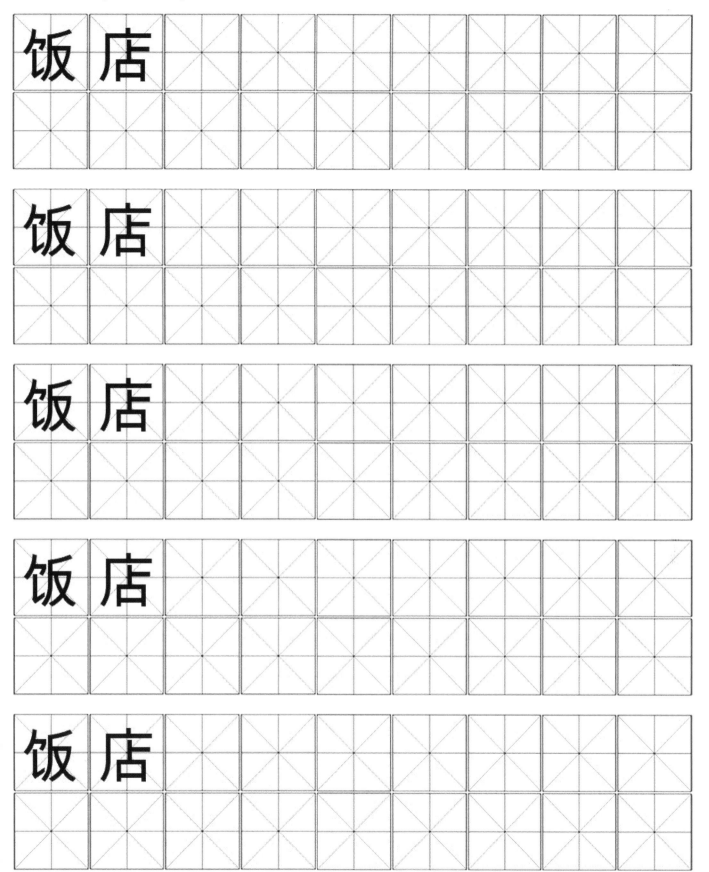

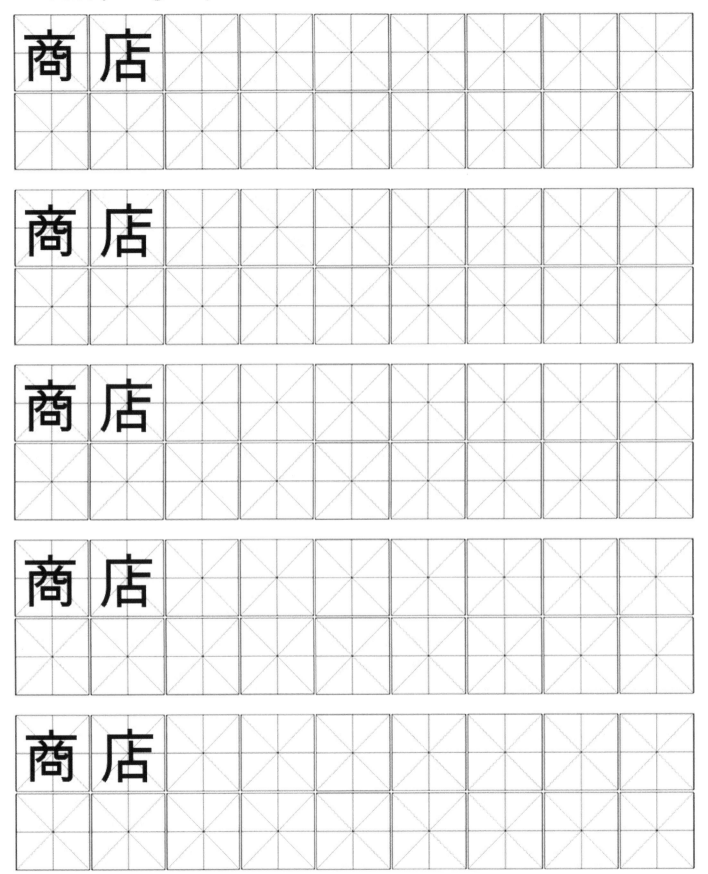

50. 医院 (yīyuàn) - Hospital

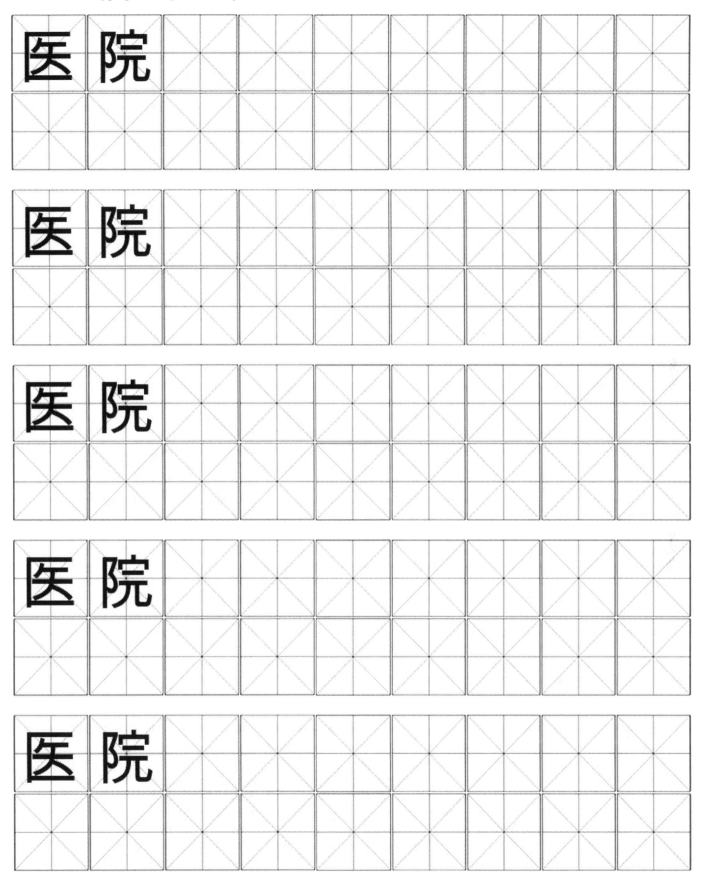

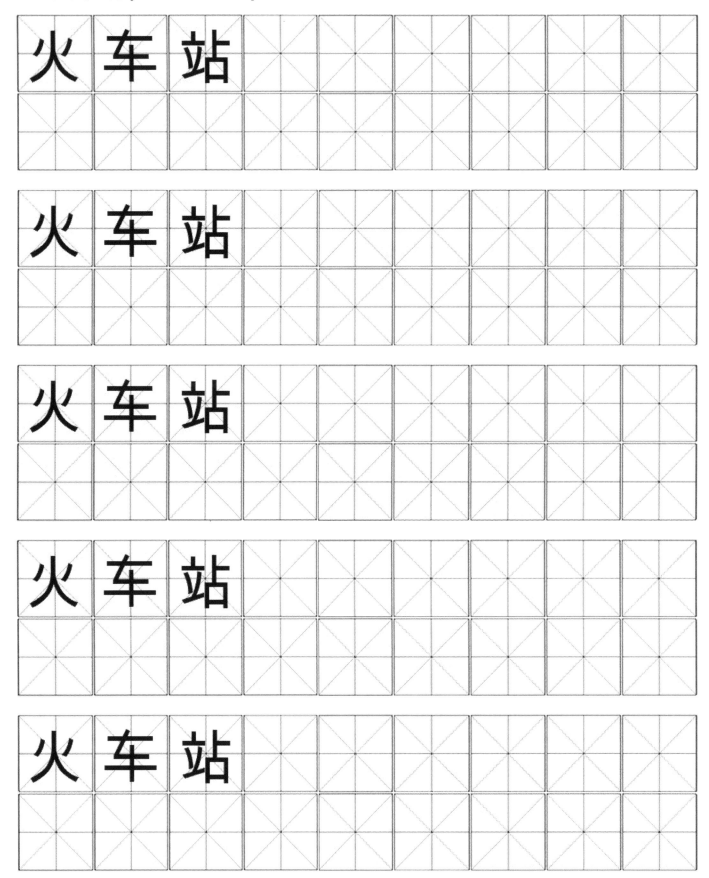

52. 中国 (zhōng guó) - China

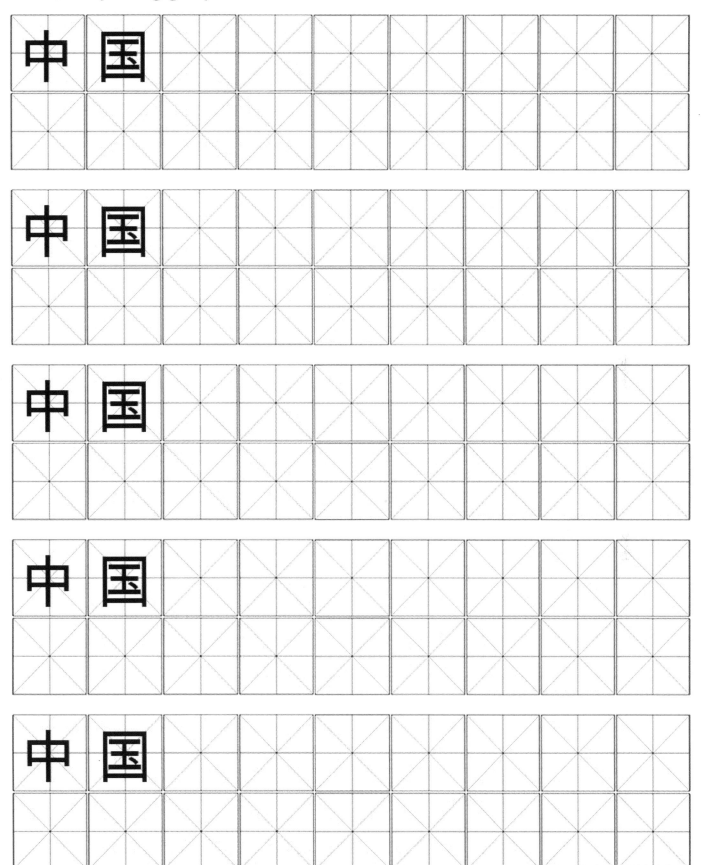

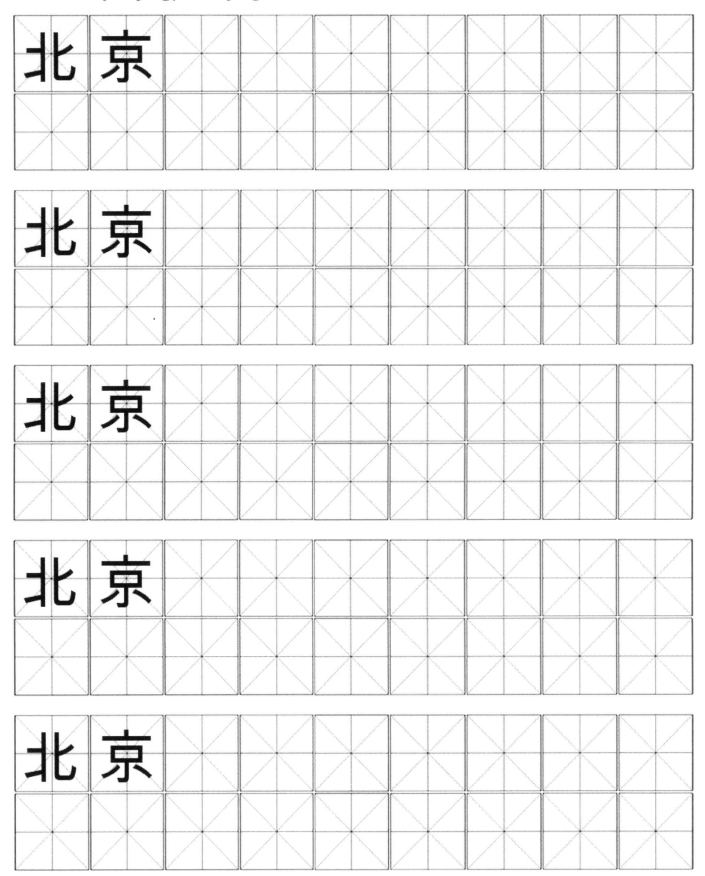

54. 上 (shàng) - Up

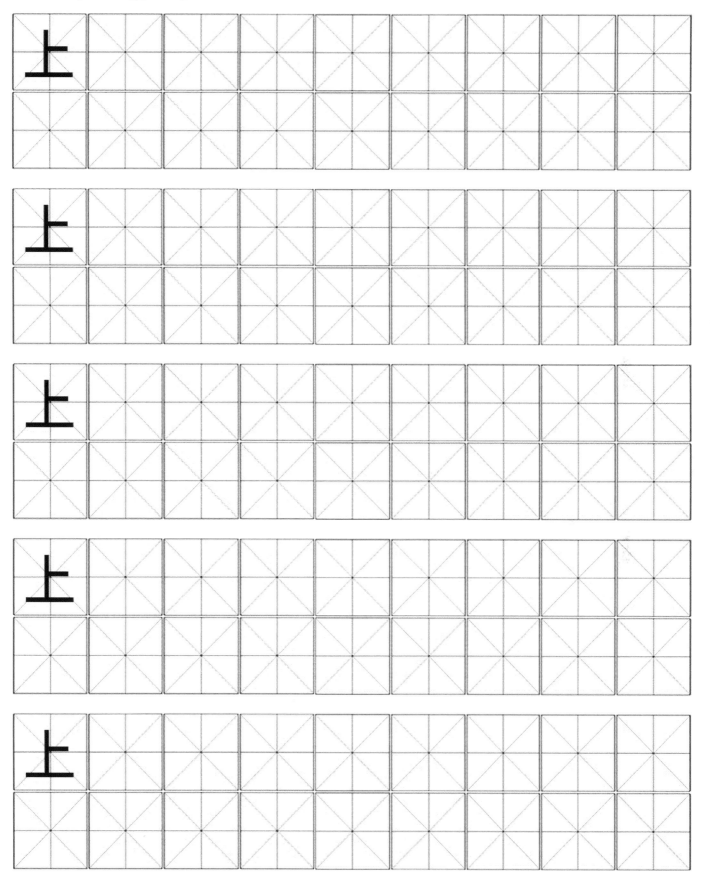

55. 下 (xià) - Down

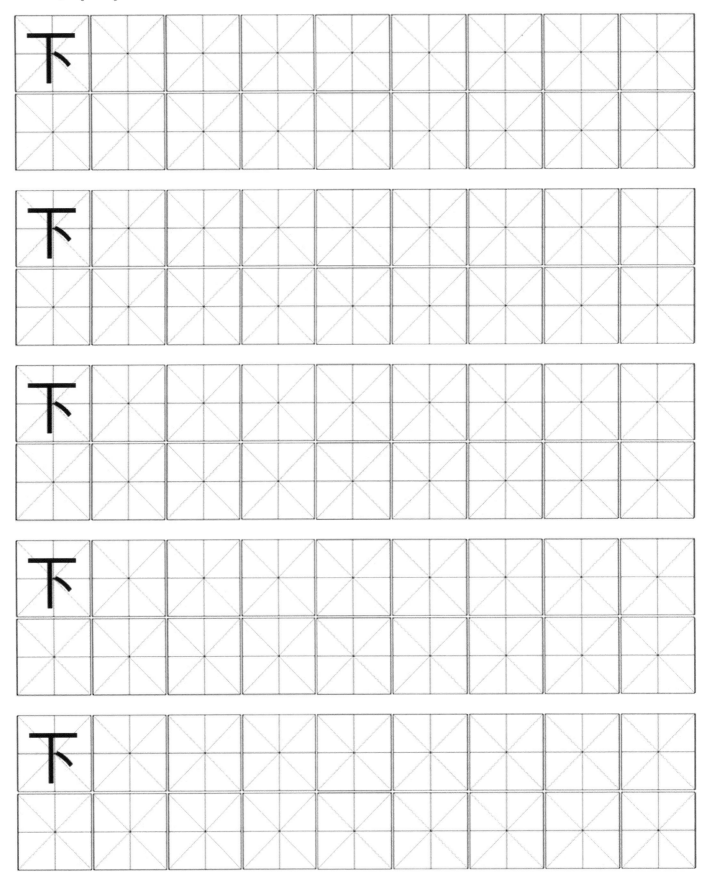

56. 前面 (qiánmiàn) - Front

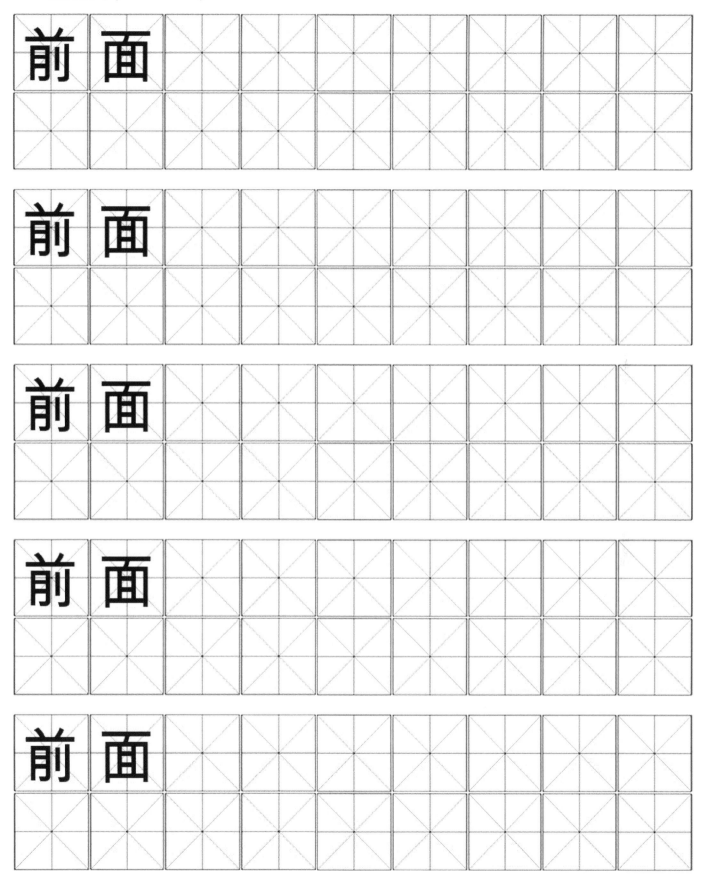

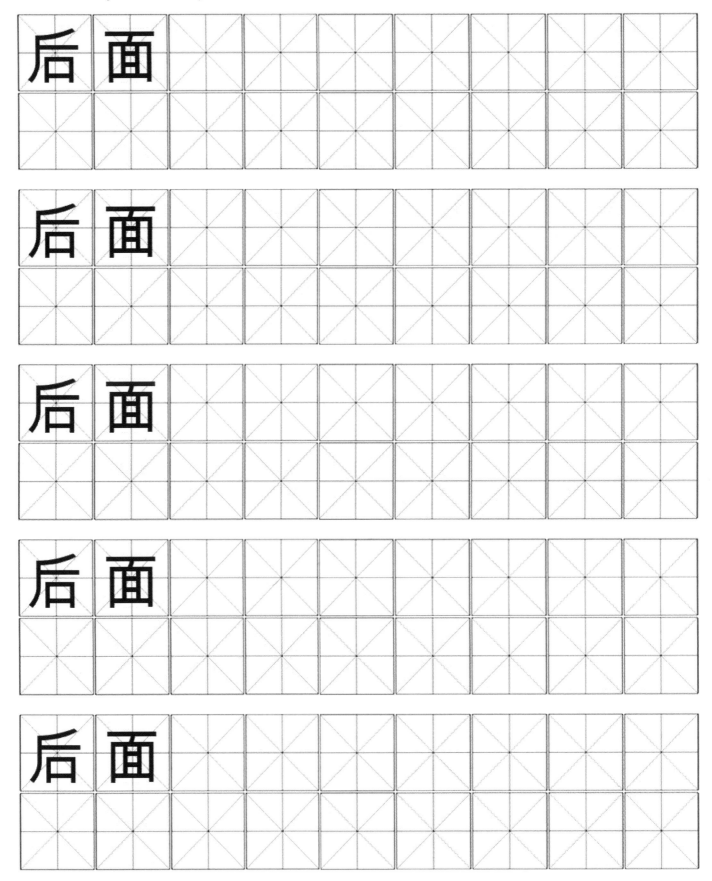

58. 里面 (lǐmiàn) - Inside

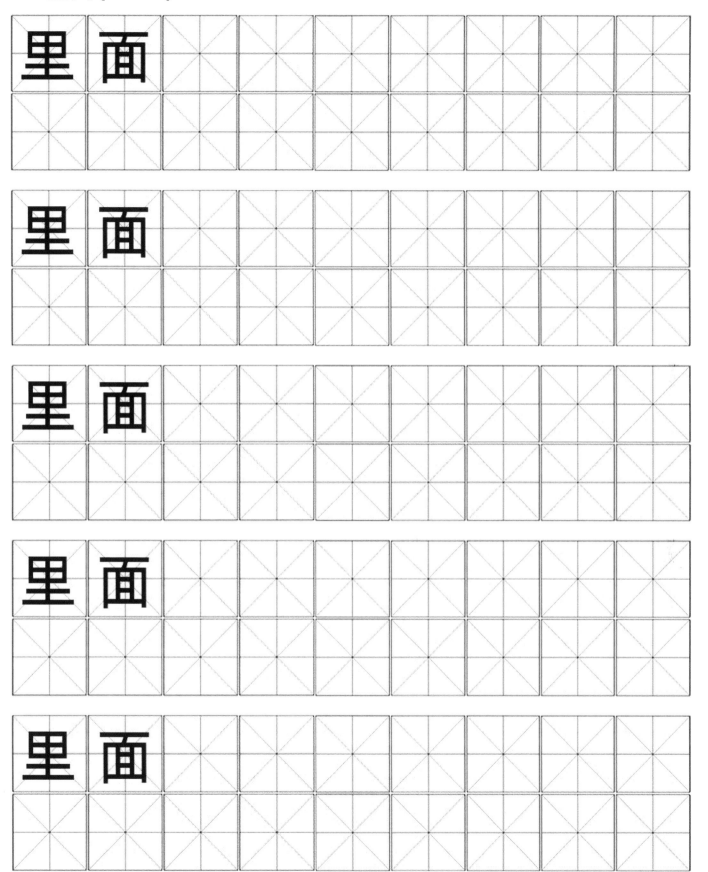

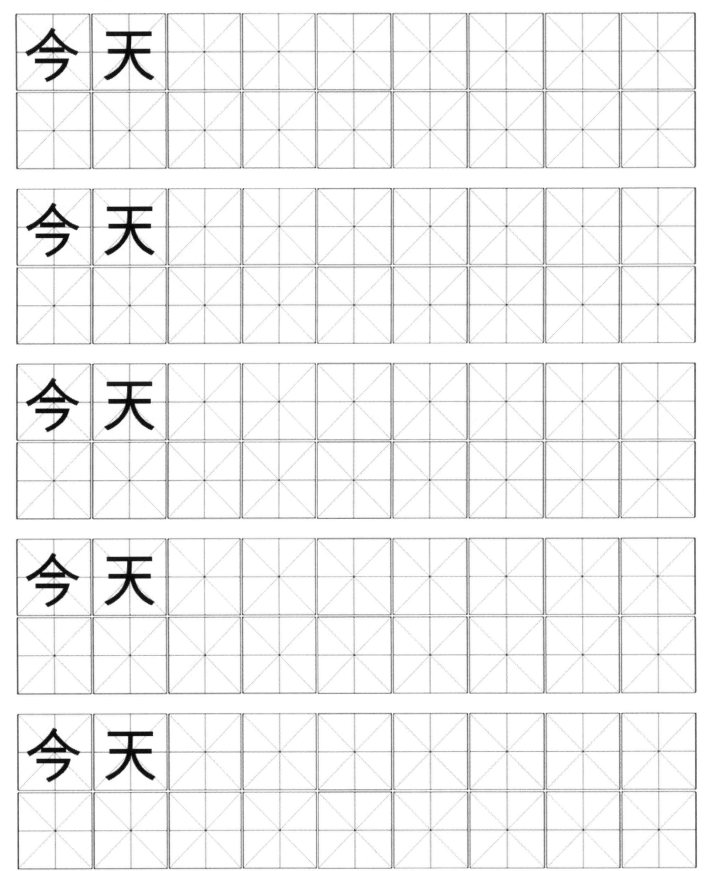

60. 明天 (míngtiān) - Tomorrow

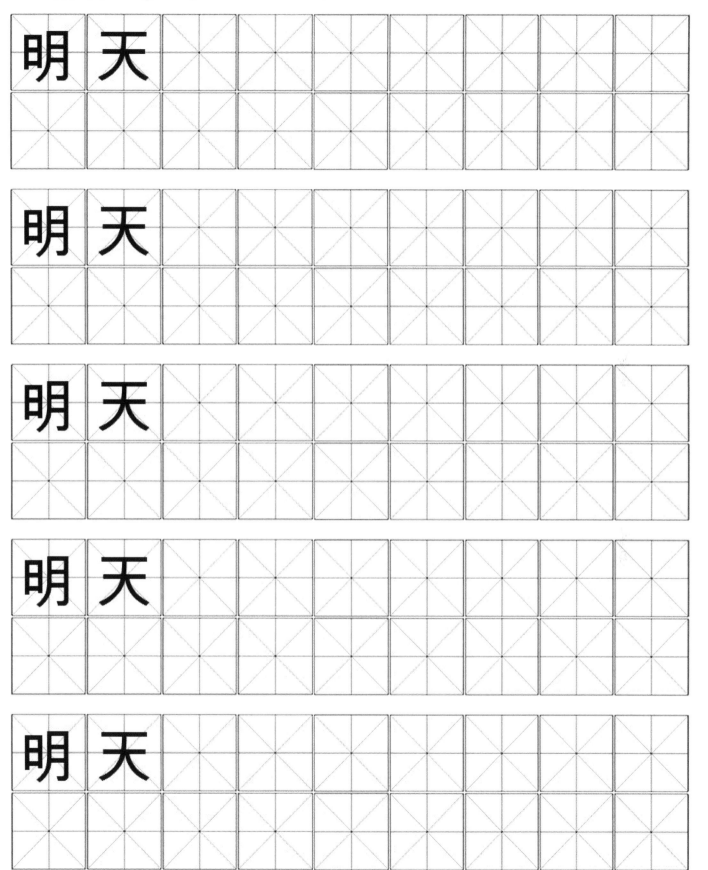

60. 明天 (míngtiān) - Tomorrow

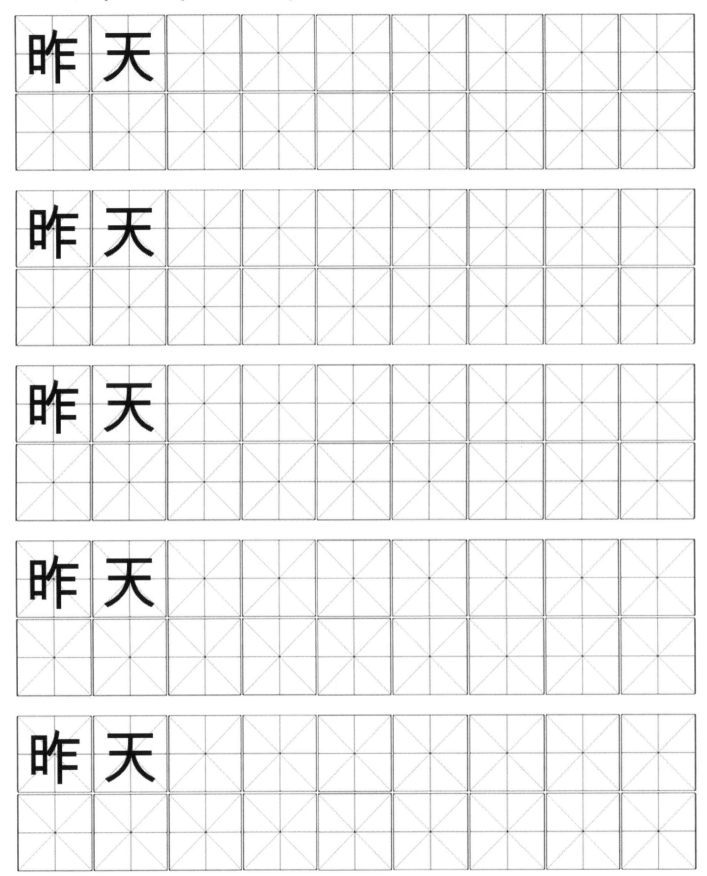

62. 上午 (shàngwǔ) - Morning

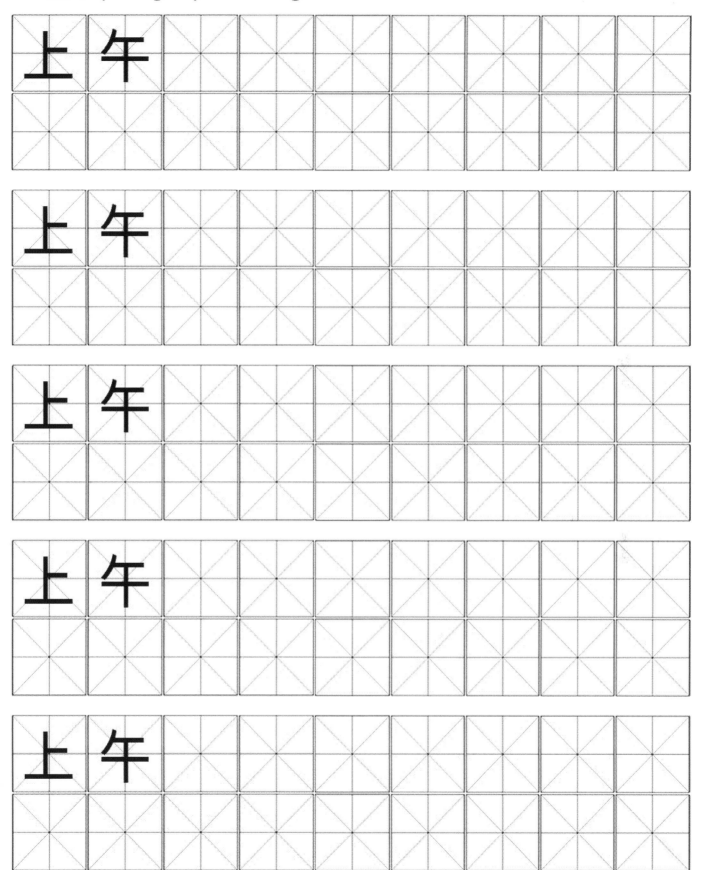

63. 中午 (zhōngwǔ) - Noon

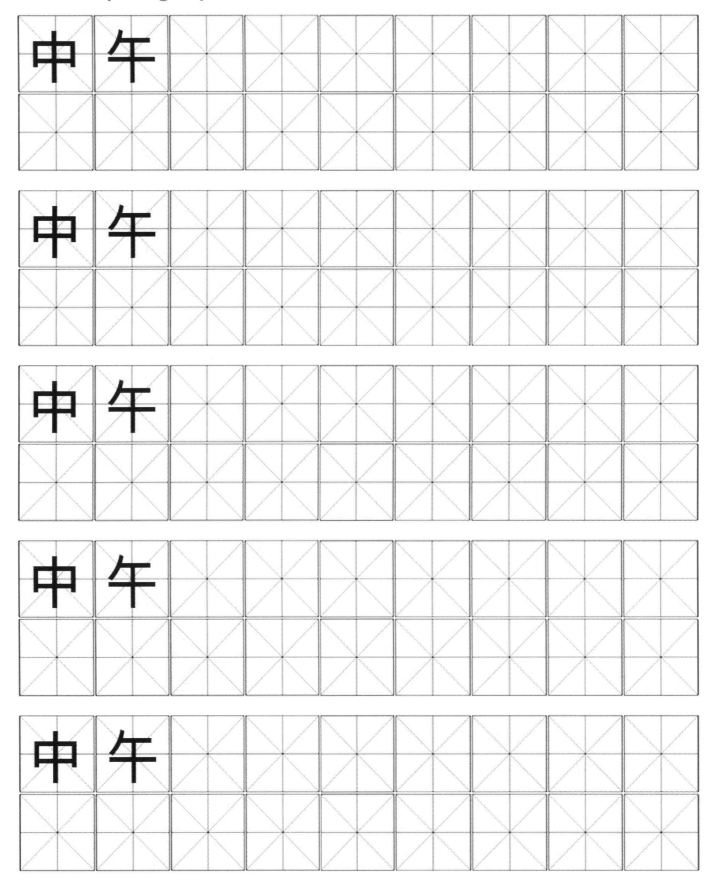

64. 下午 (xiàwǔ) - Afternoon

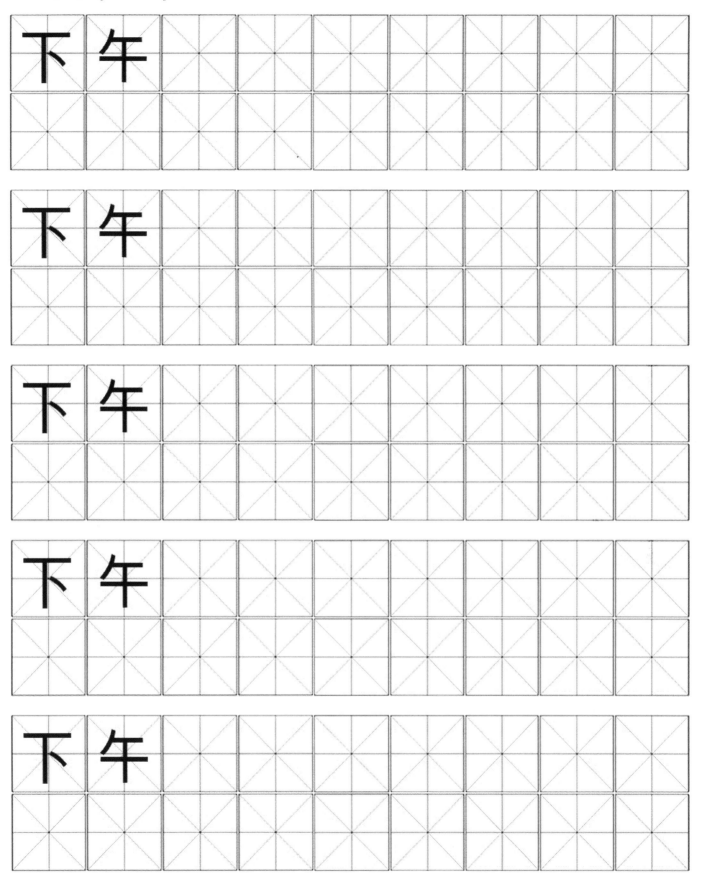

65. 年 (nián) - Year

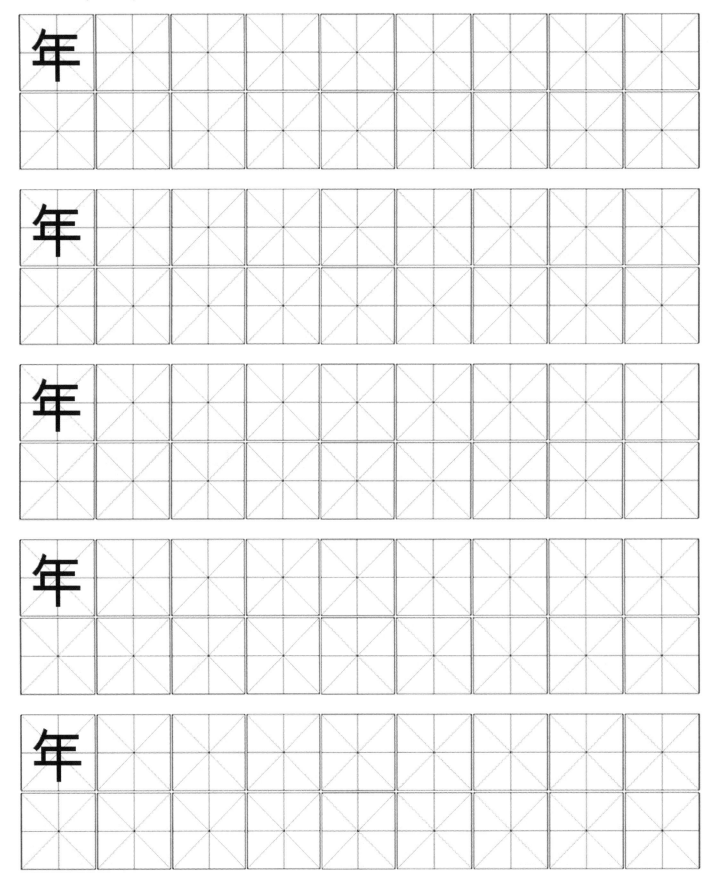

66. 月 (yuè) - Month

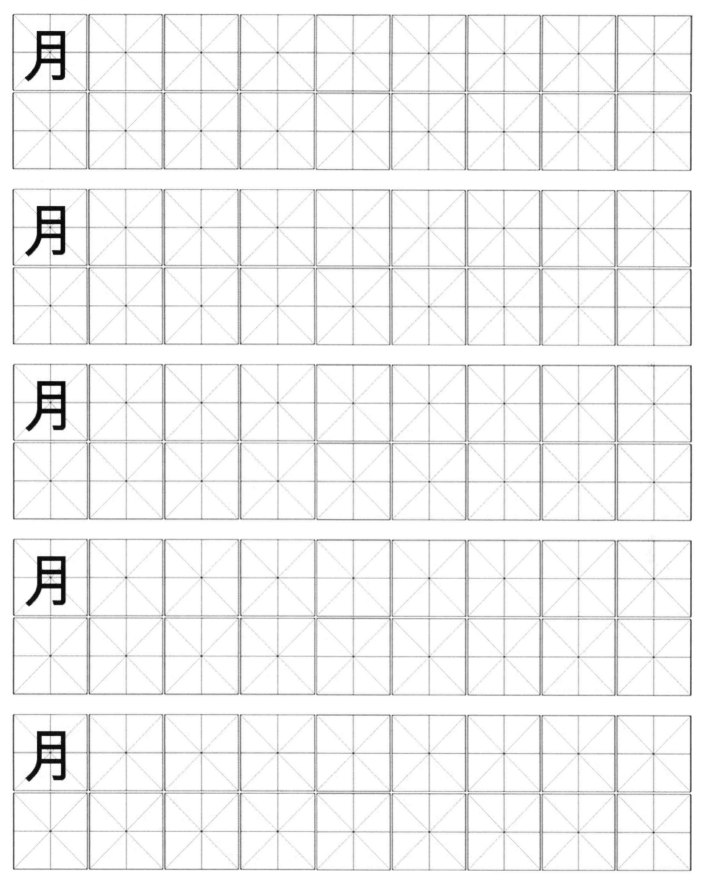

67. 日 (rì) - Day

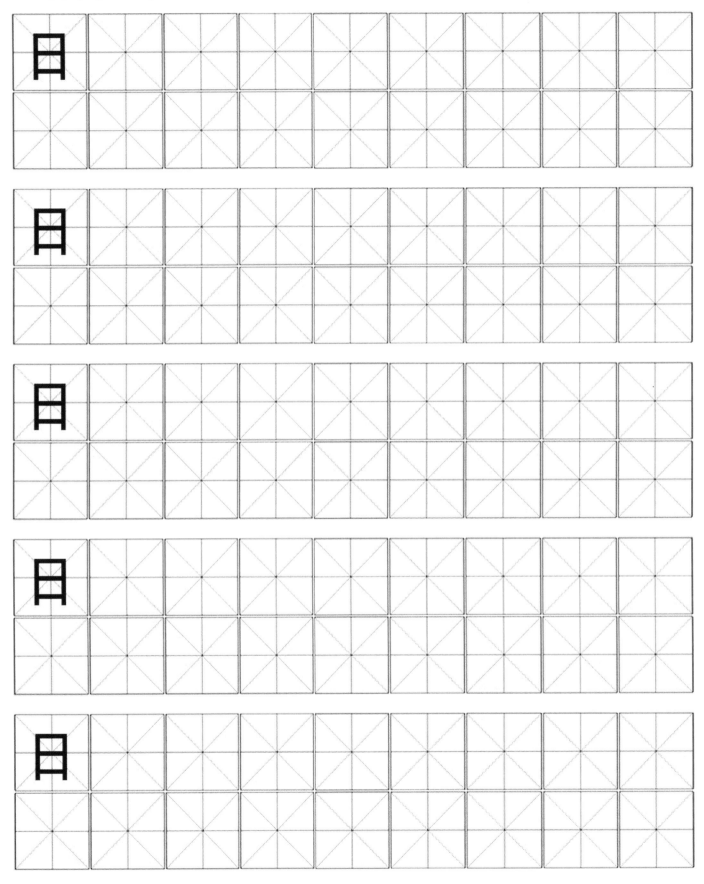

68. 星期 (xīngqī) - Week

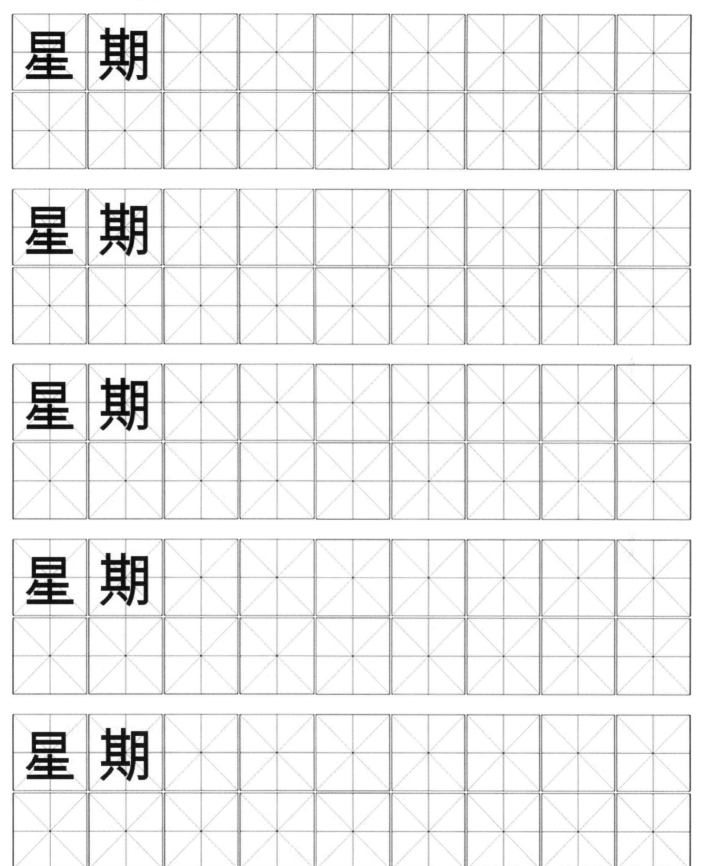

69. 点 (diǎn) - Dot, spot, time

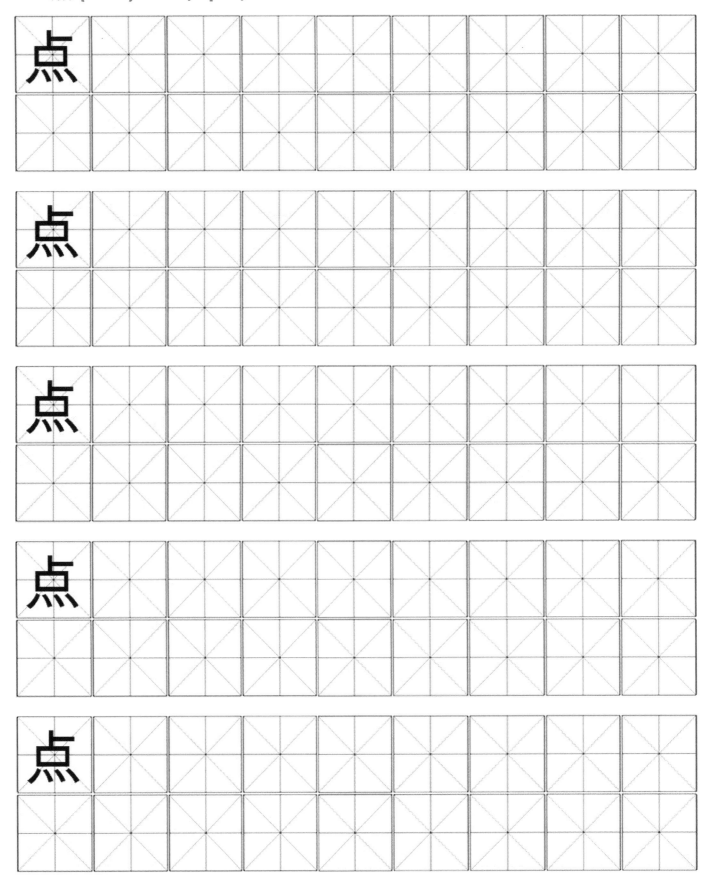

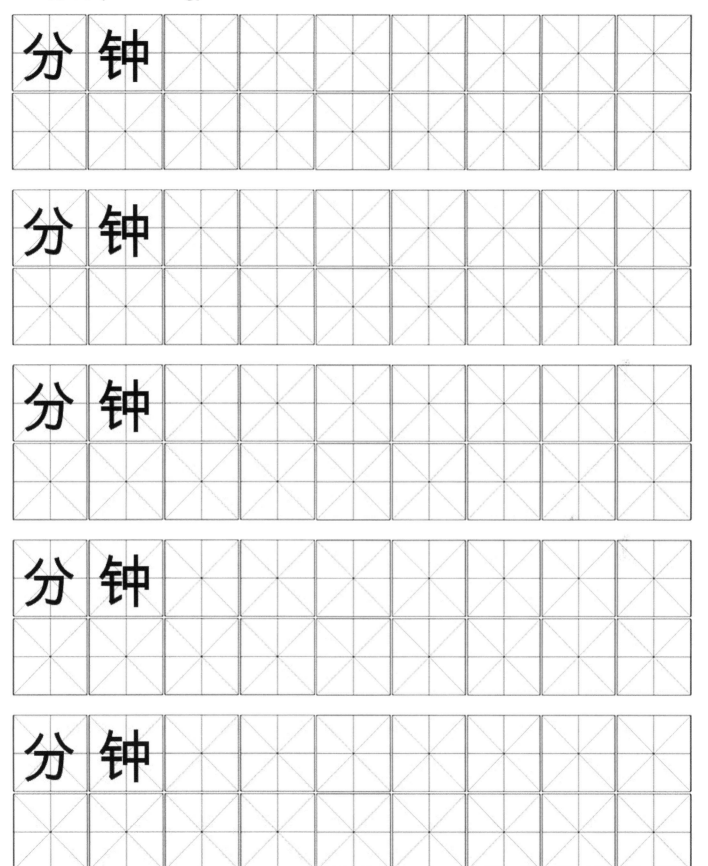

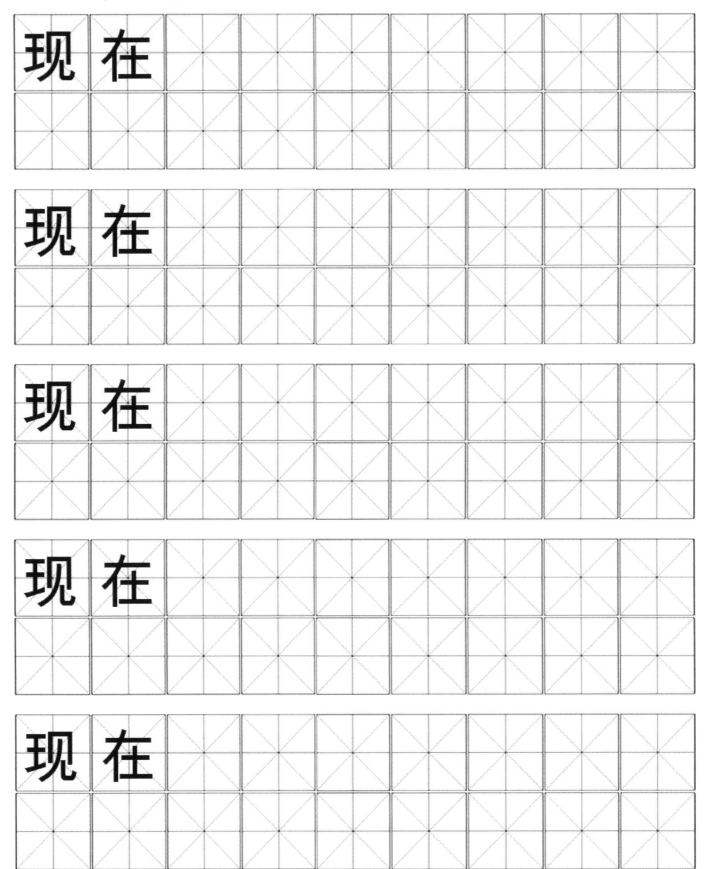

72. 时候 (shíhou) - Time

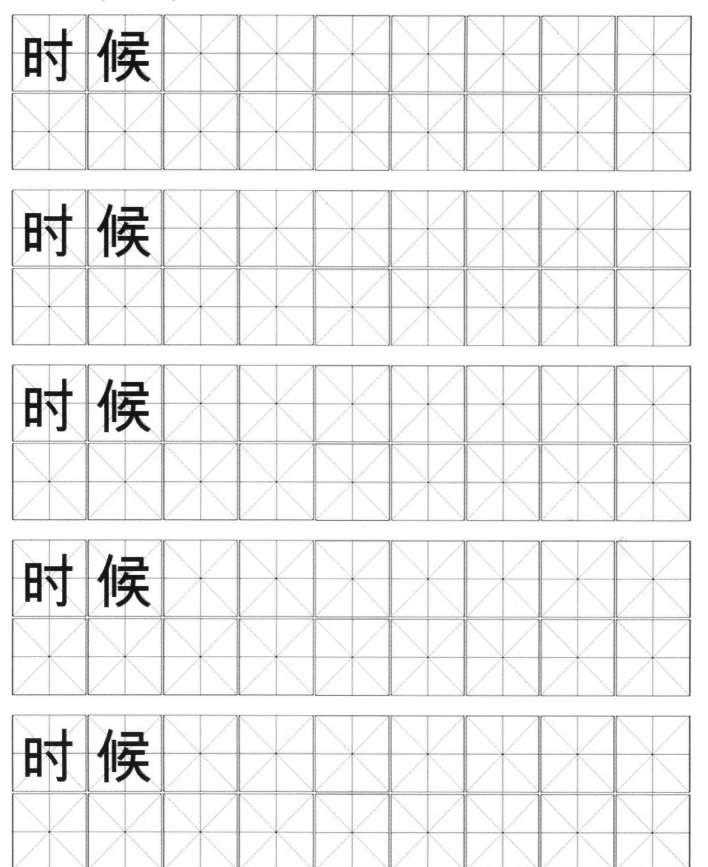

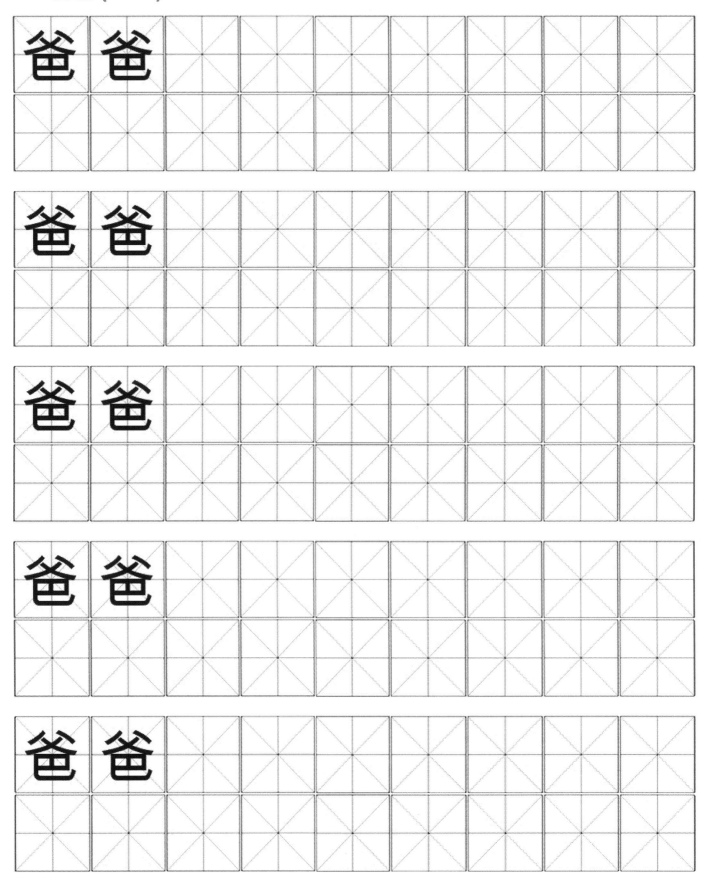

74. 妈妈 (māma) - Mother

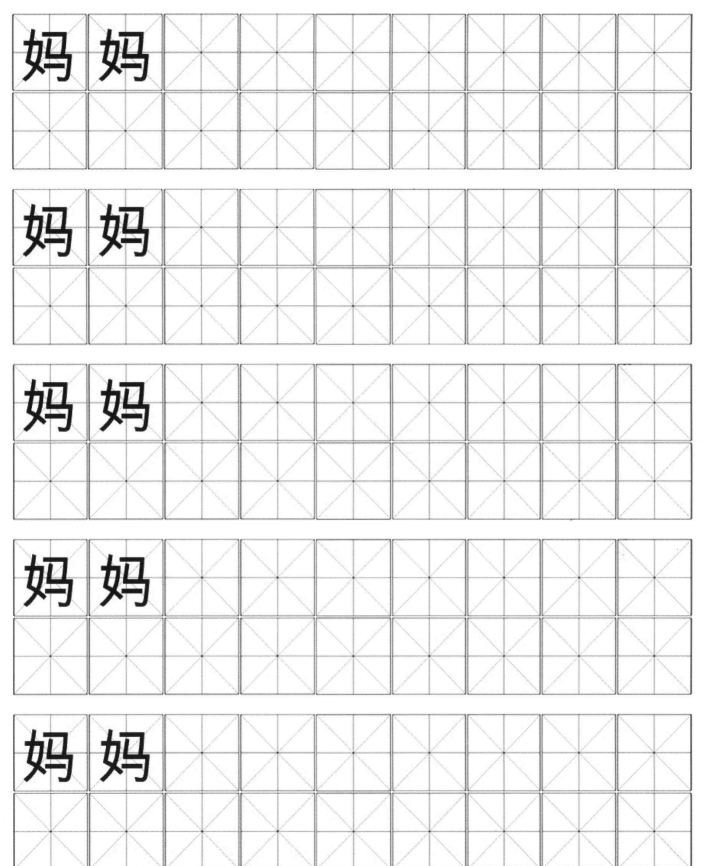

75. 儿子 (érzi) - Son

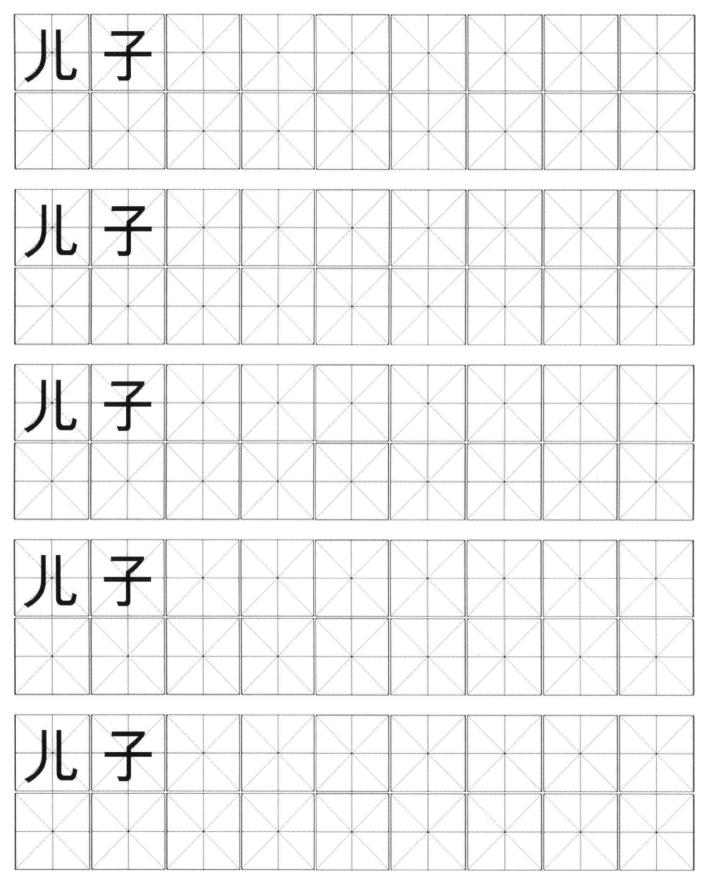

76. 女儿 (nǚér) - Daughter

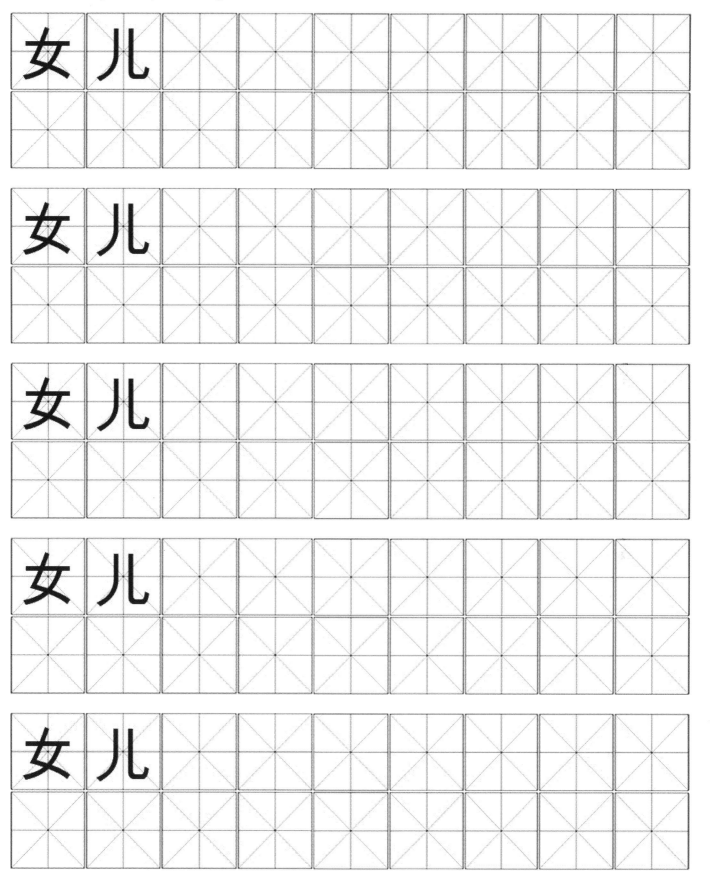

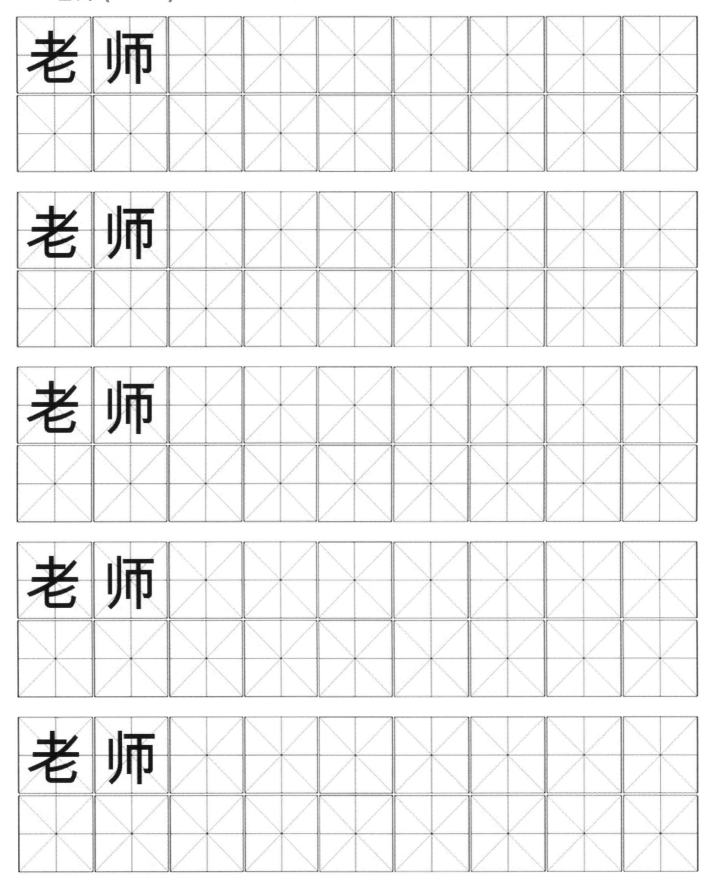

78. 学生 (xuéshēng) - Student

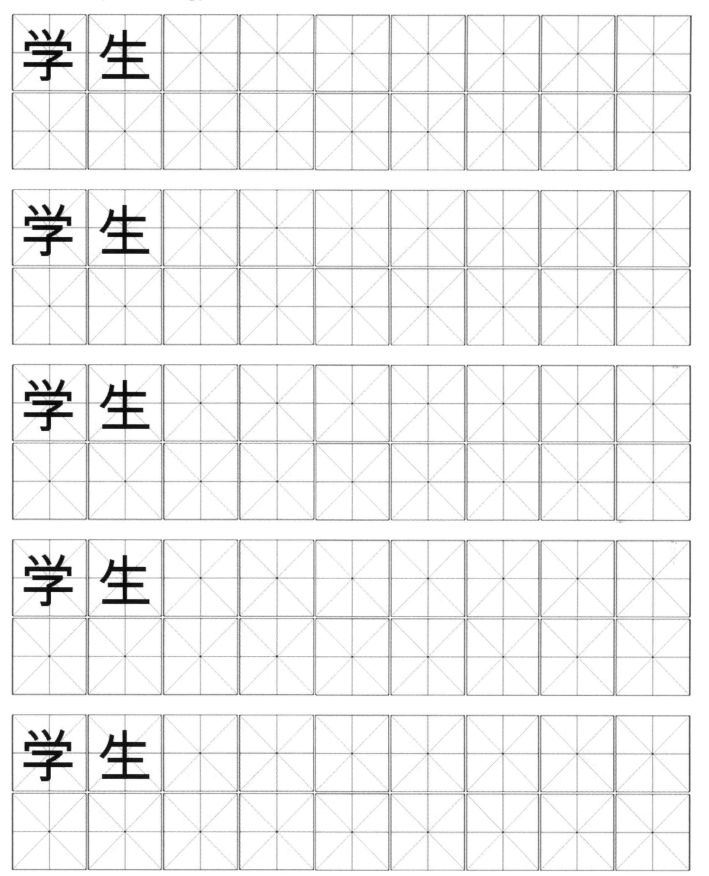

79. 同学 (tóngxué) - School mate

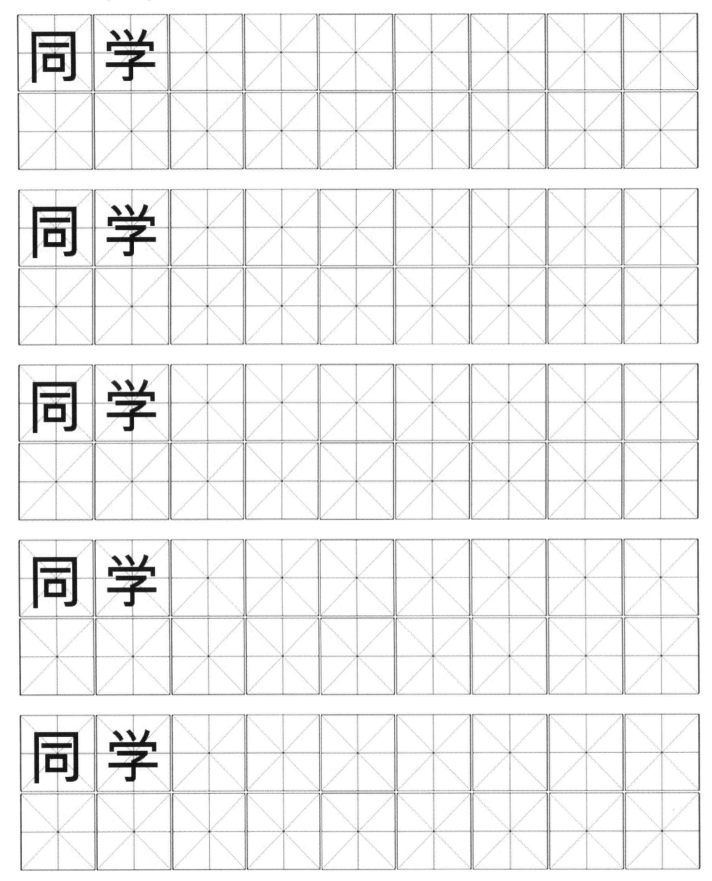

80. 朋友 (péngyou) - Friend

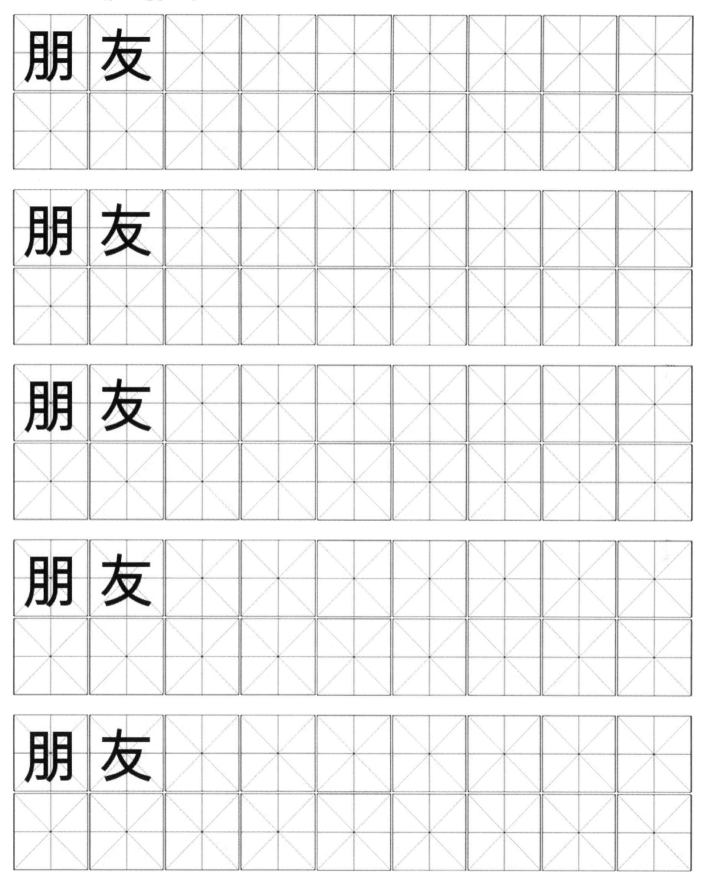

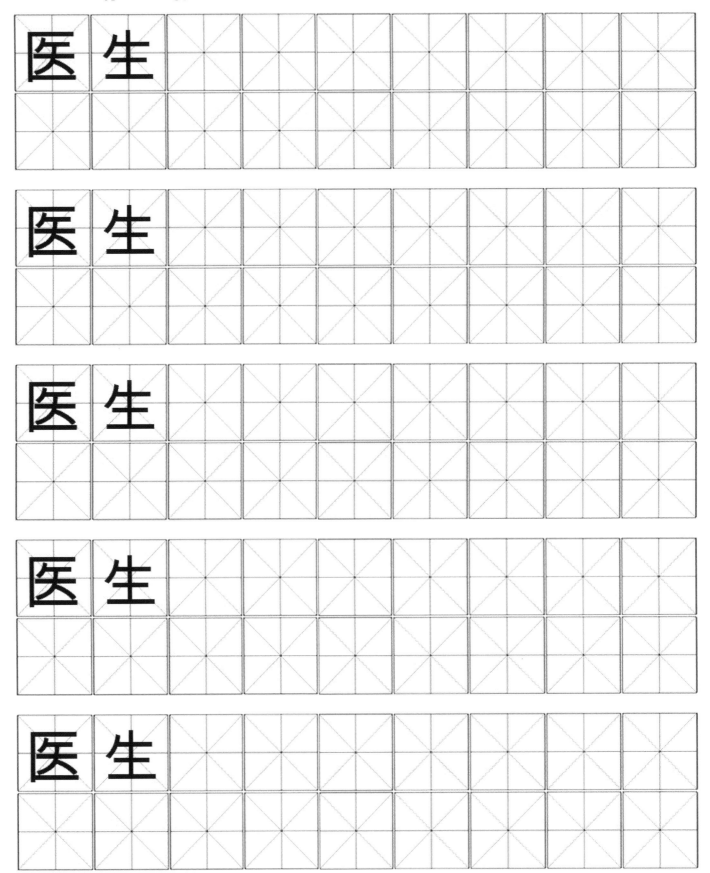

82. 先生 (xiānsheng) - Sir

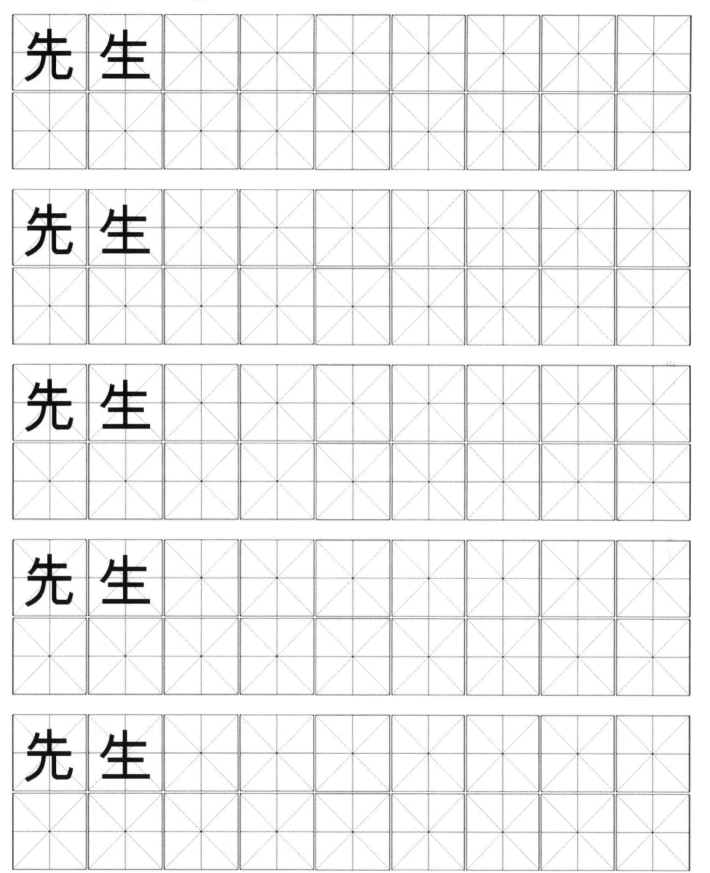

83. 小姐 (xiǎojiě) - Miss

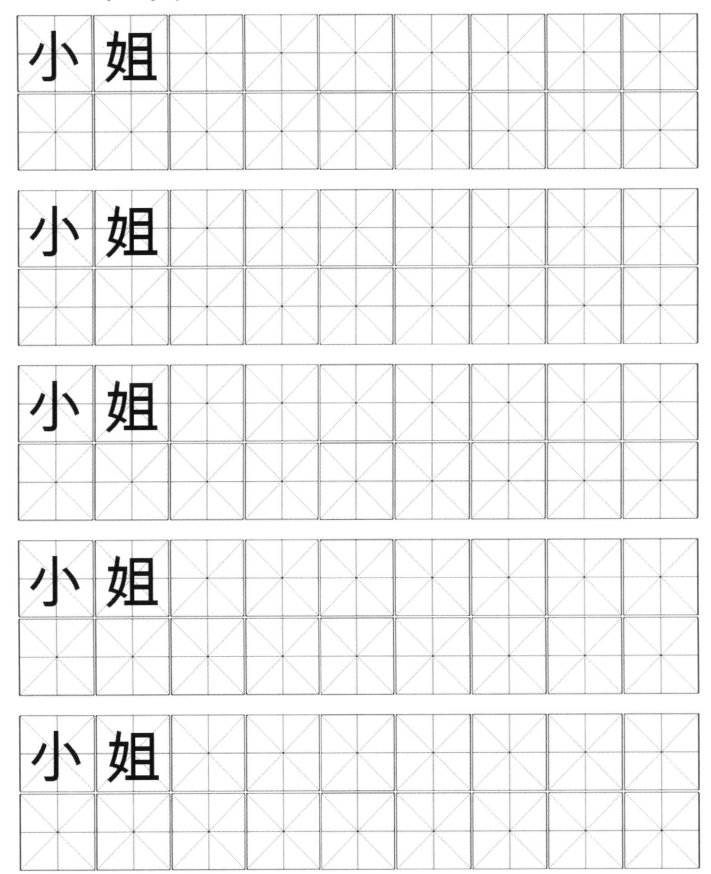

84. 衣服 (yīfu) - Clothes

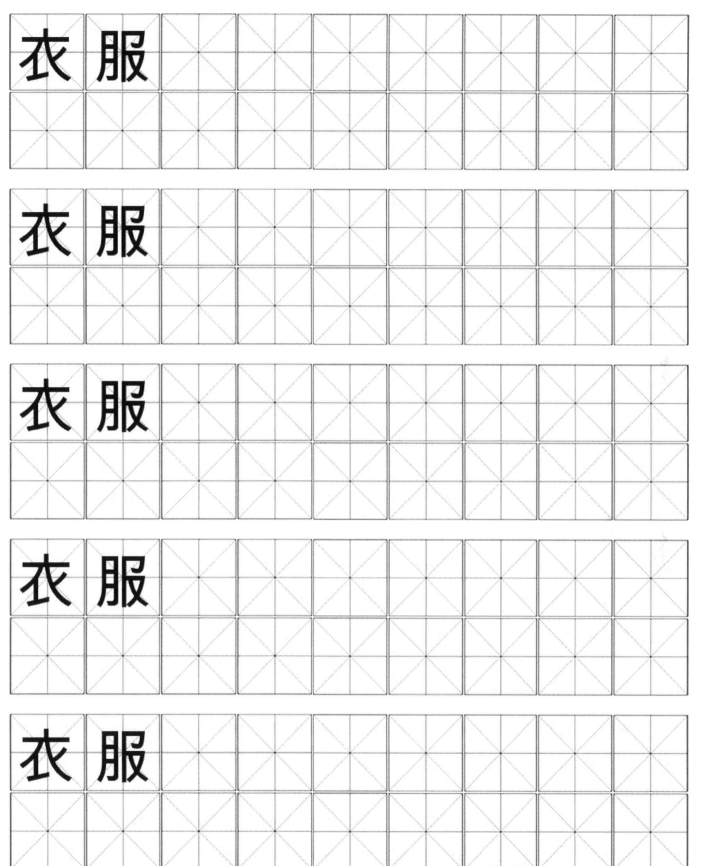

85. 水 (shuǐ) - Water

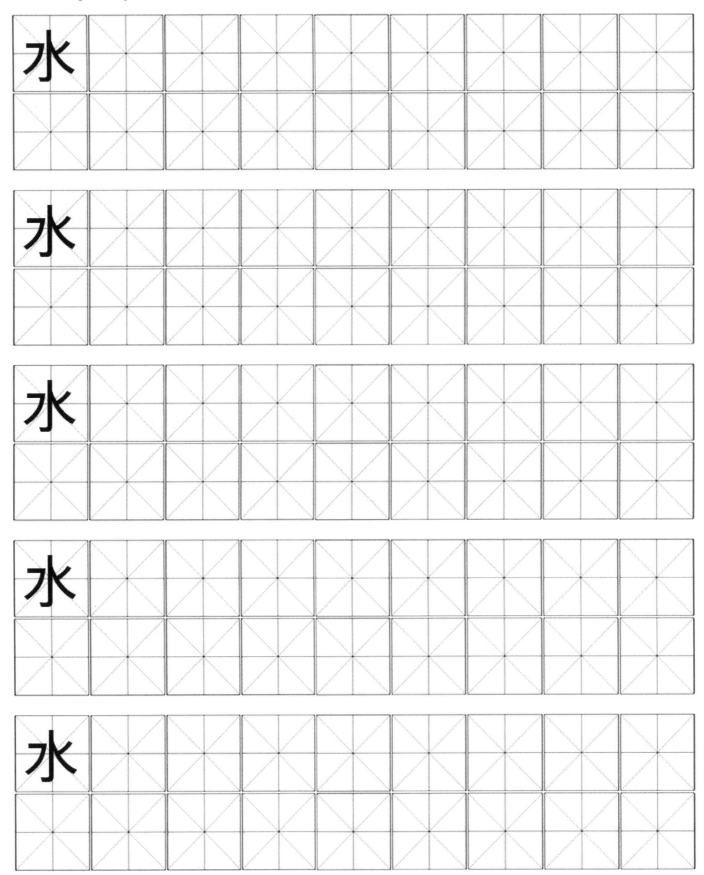

86. 菜 (cài) - Vegetable

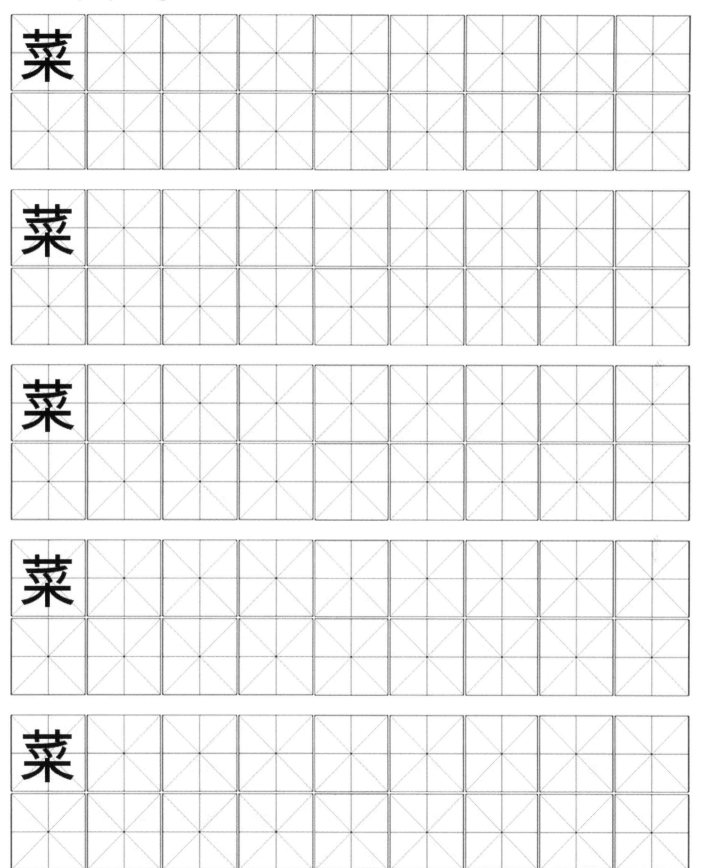

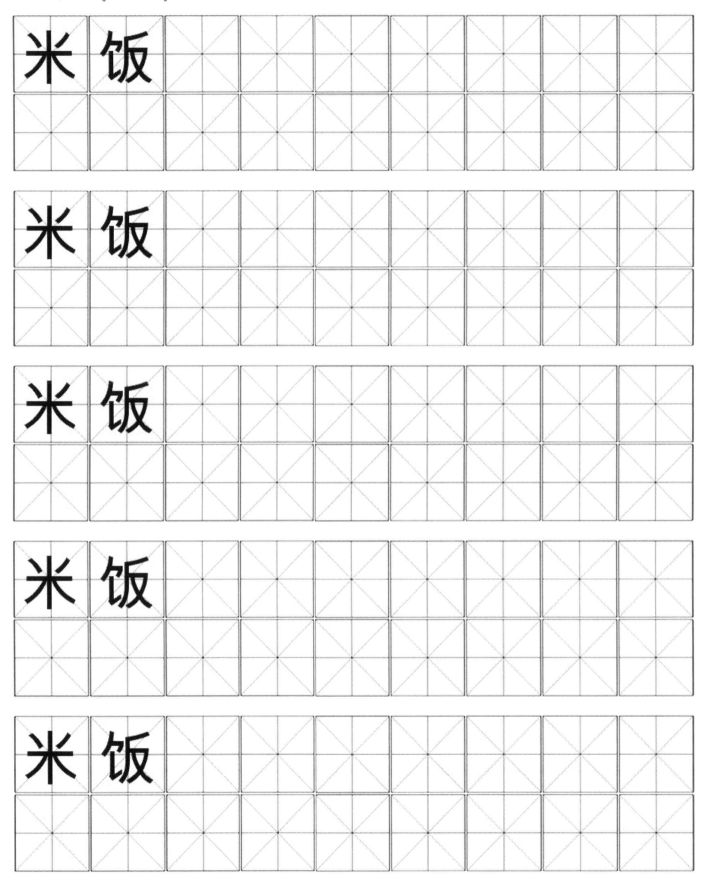

88. 水果 (shuǐguǒ) - Fruit

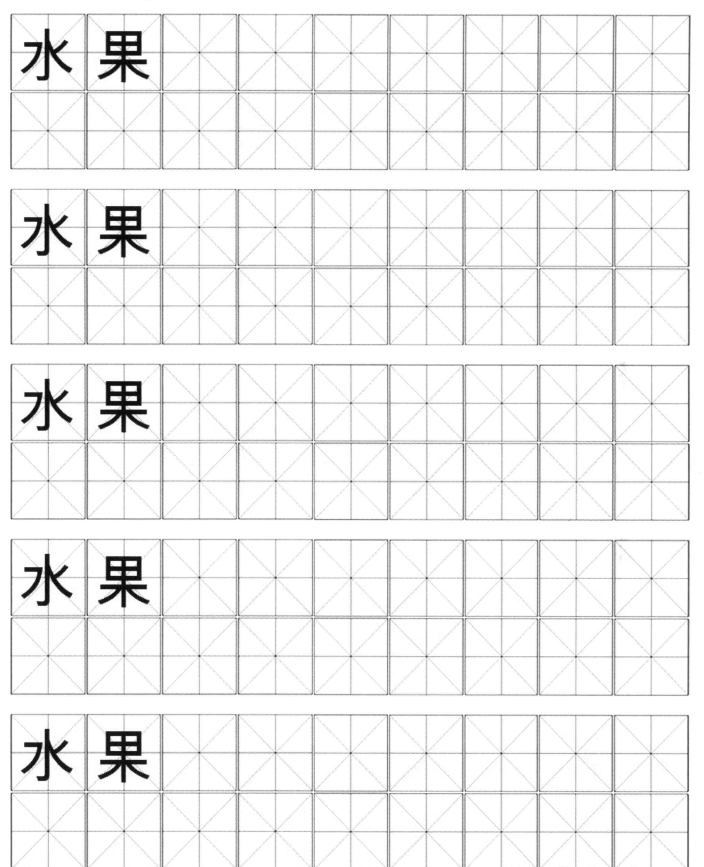

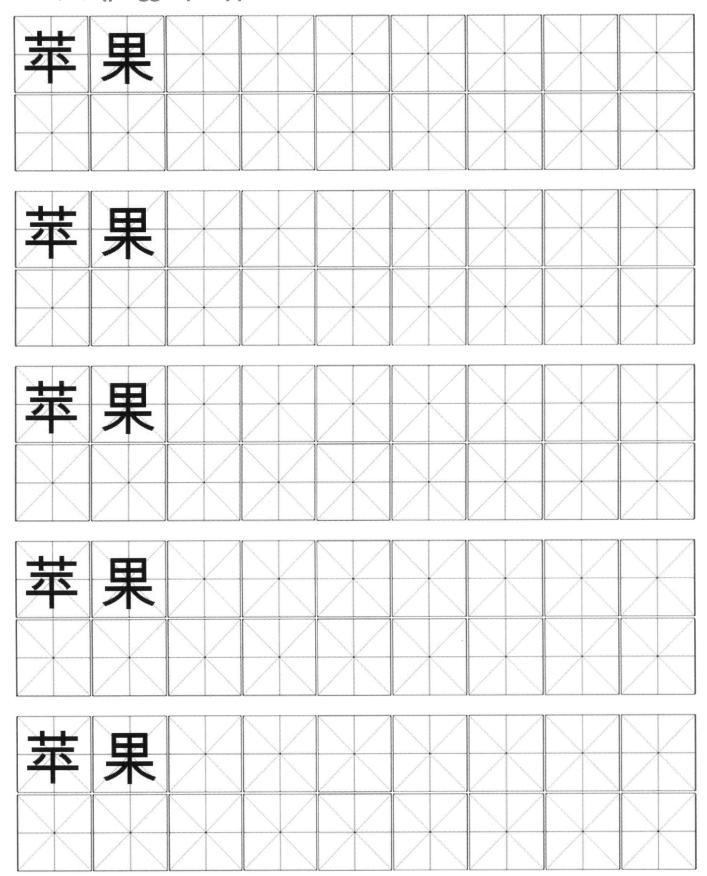

90. 茶 (chá) - Tea

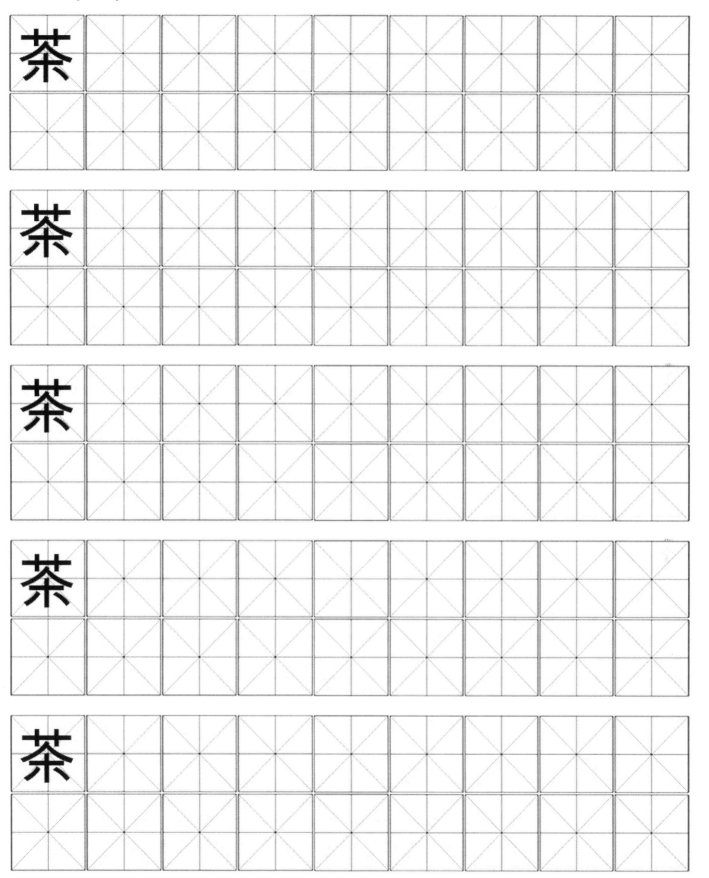

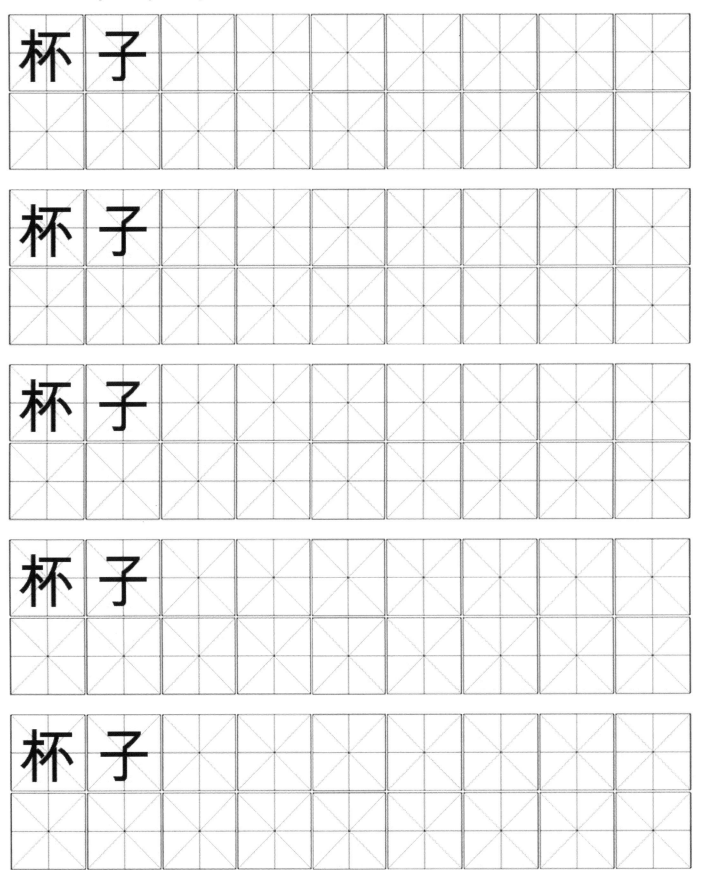

92. 钱 (qián) - Money

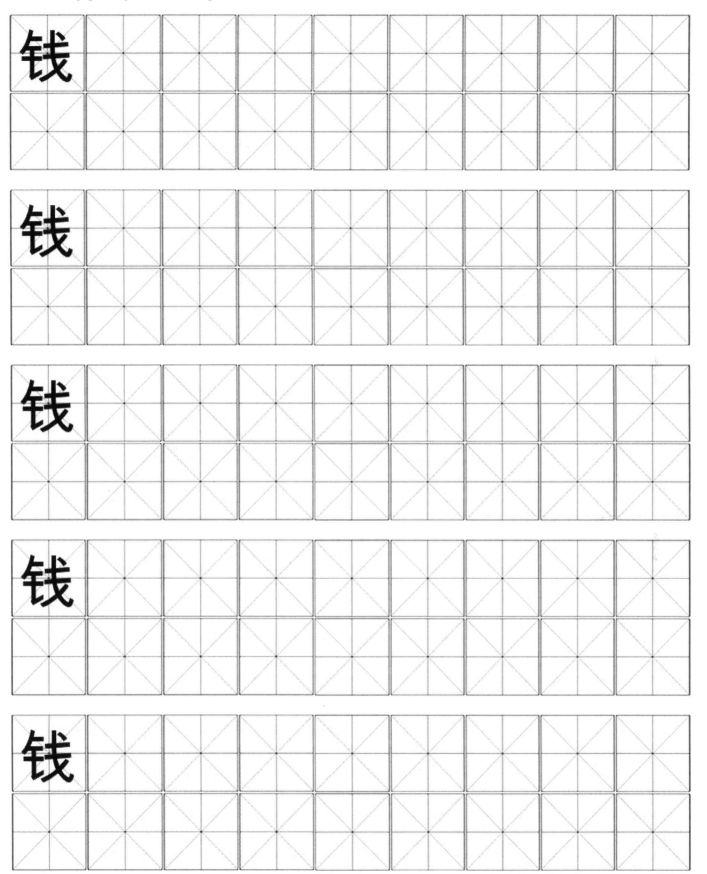

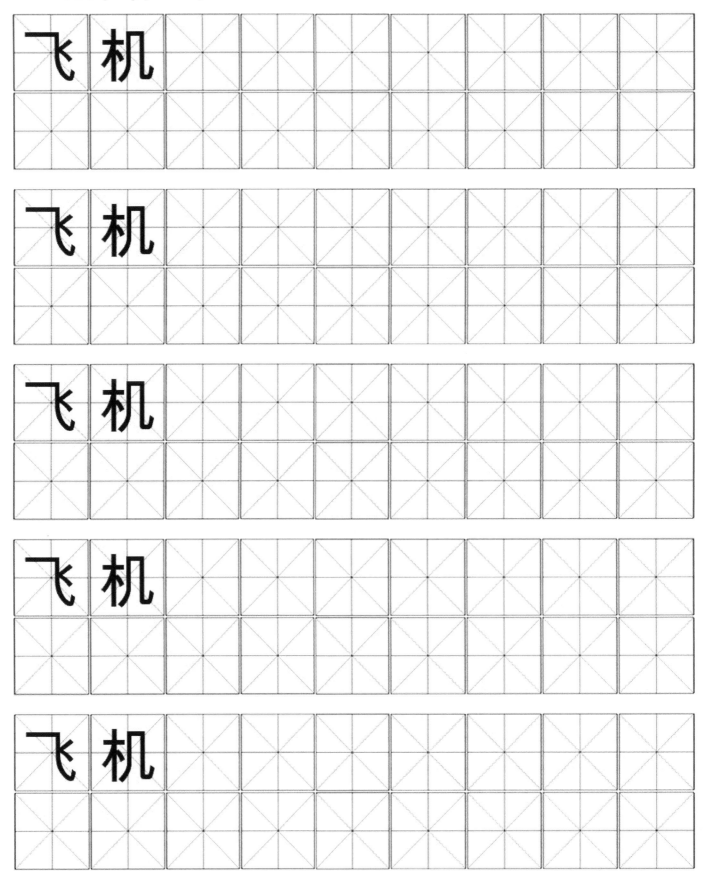

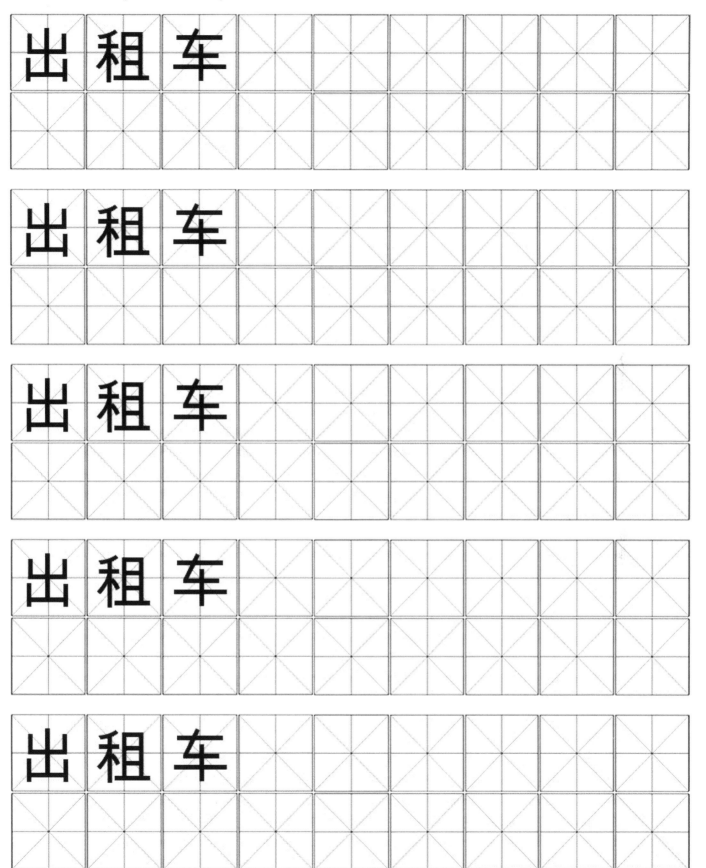

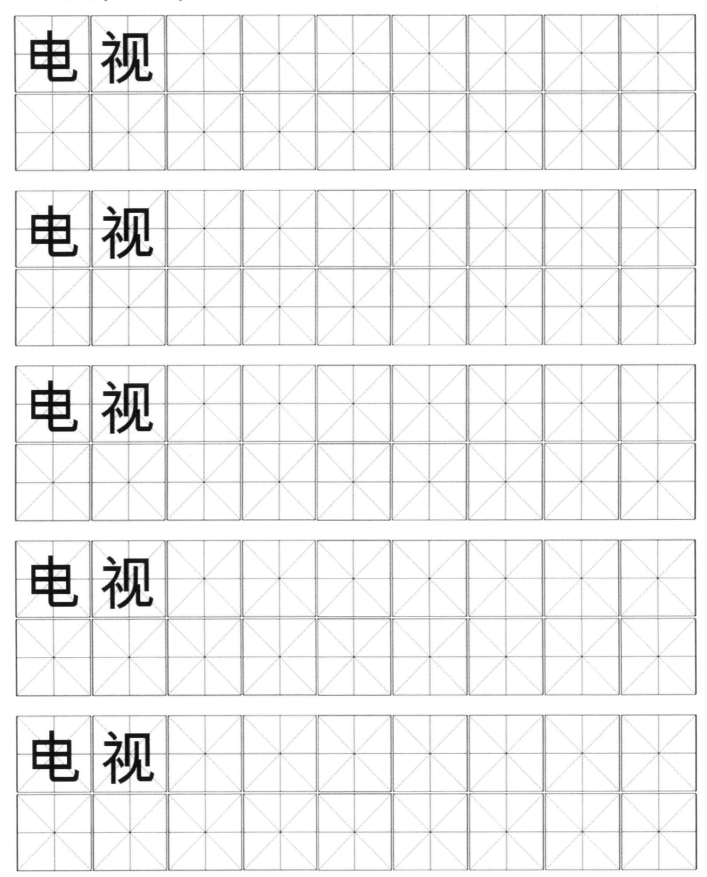

96. 电脑 (diànnǎo) - Computer

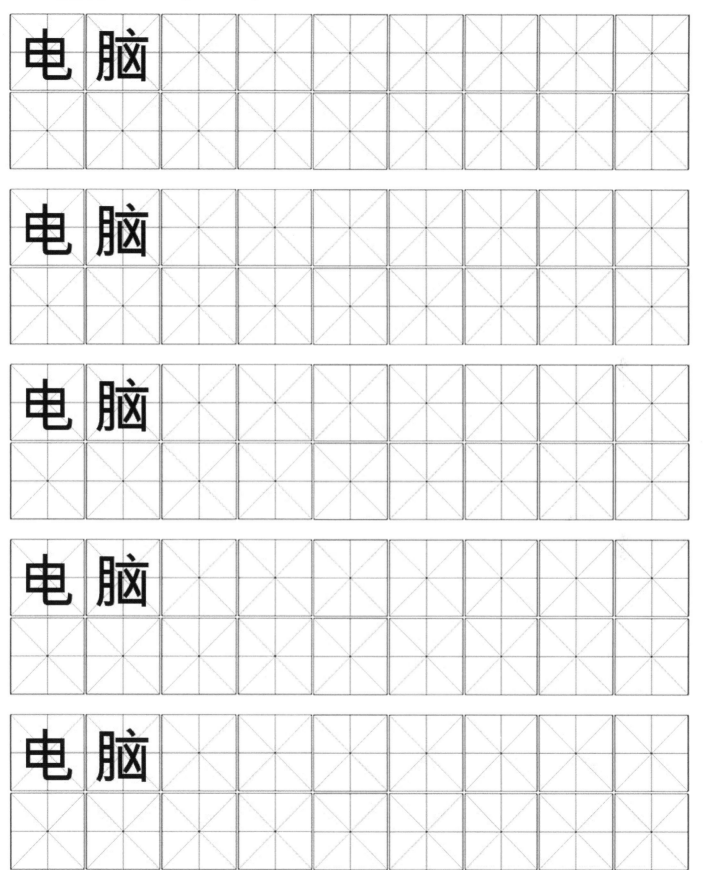

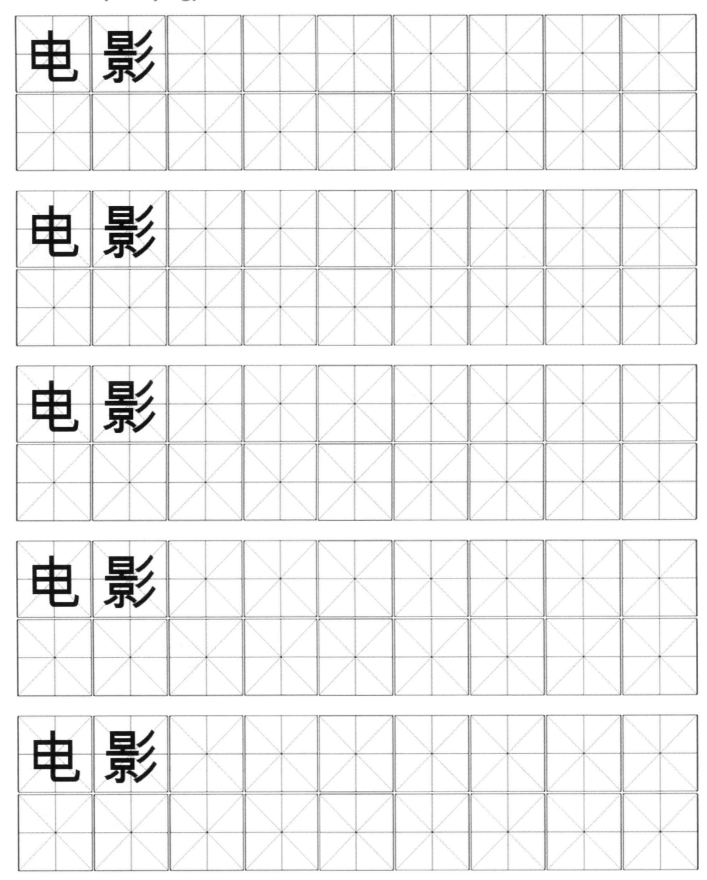

98. 天气 (tiānqì) - Weather

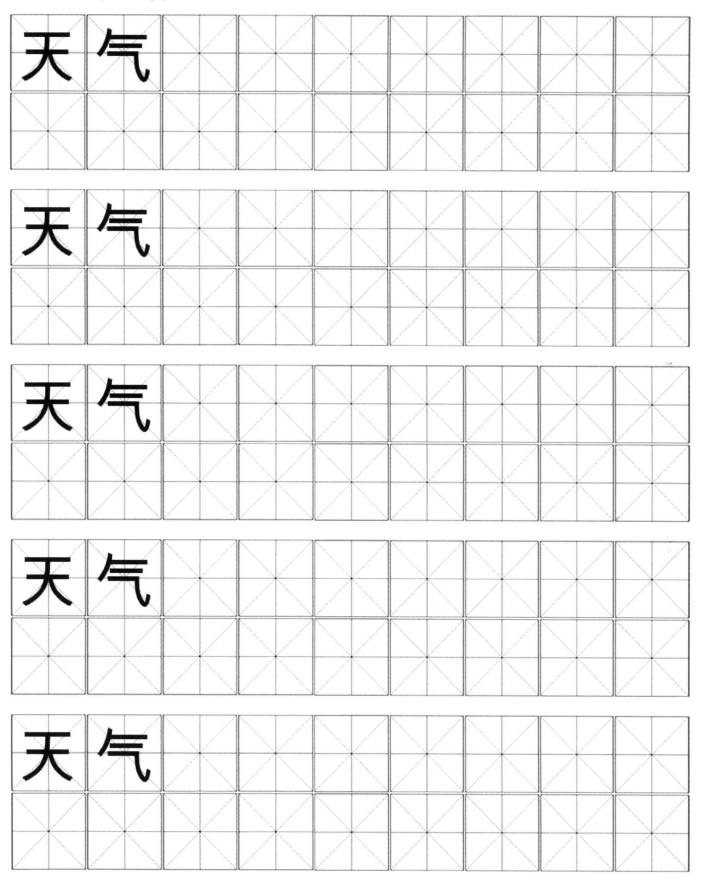

99. 猫 (māo) - Cat

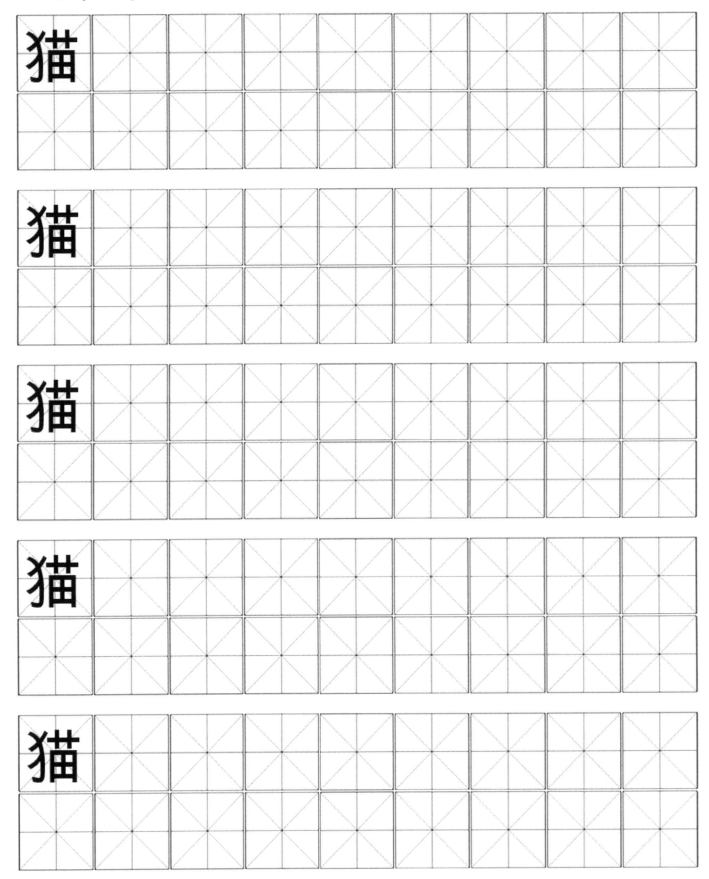

100. 狗 (gǒu) - Dog

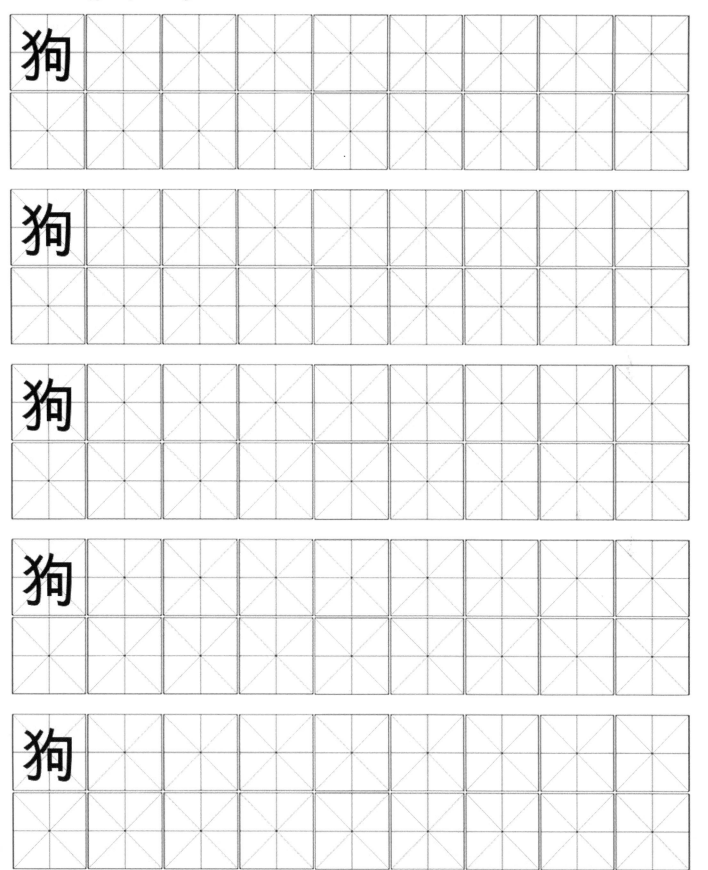

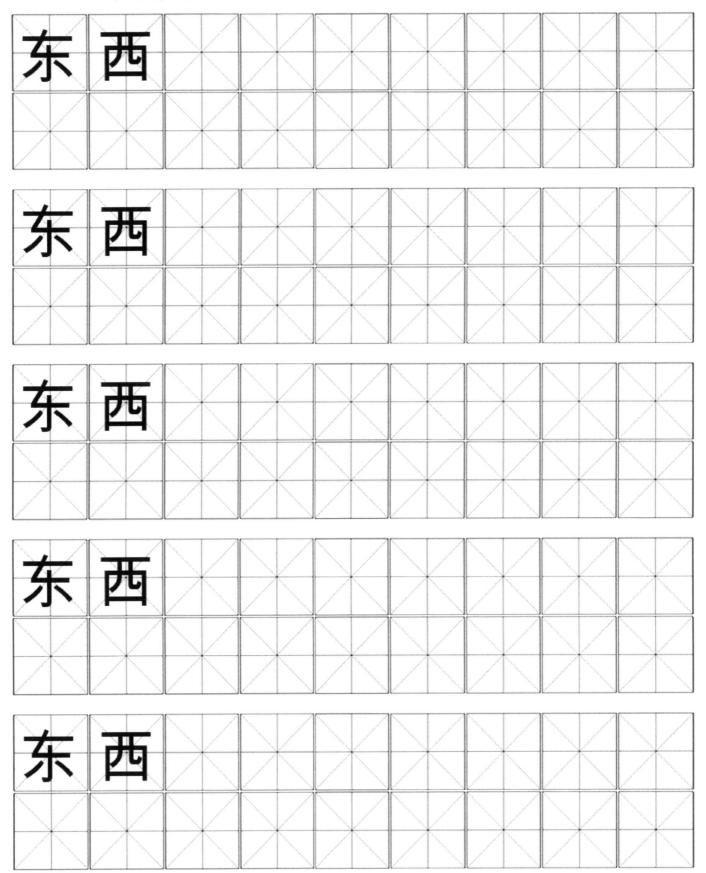

102. 人 (rén) - Person

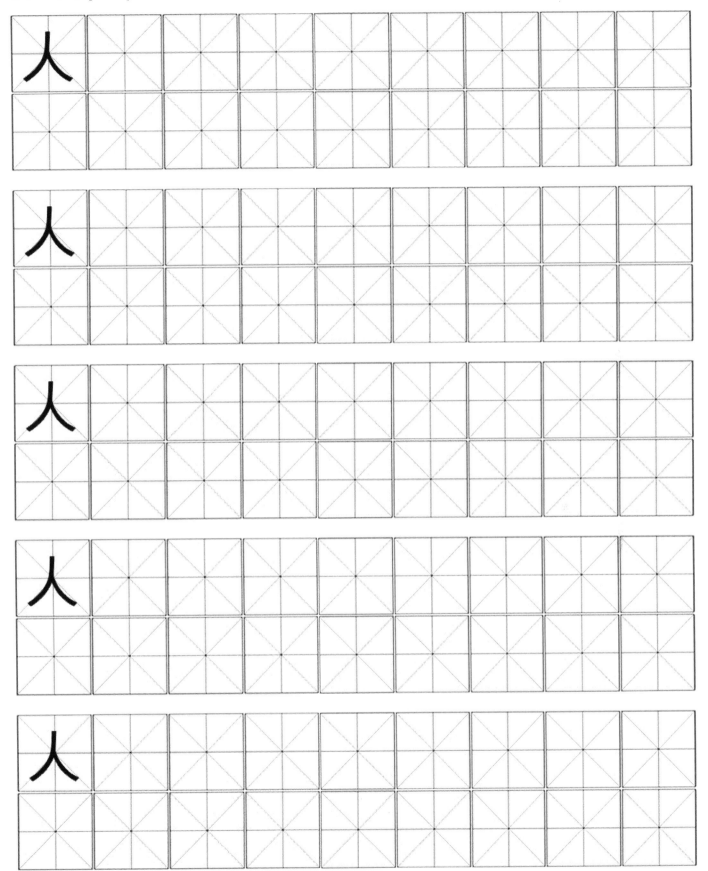

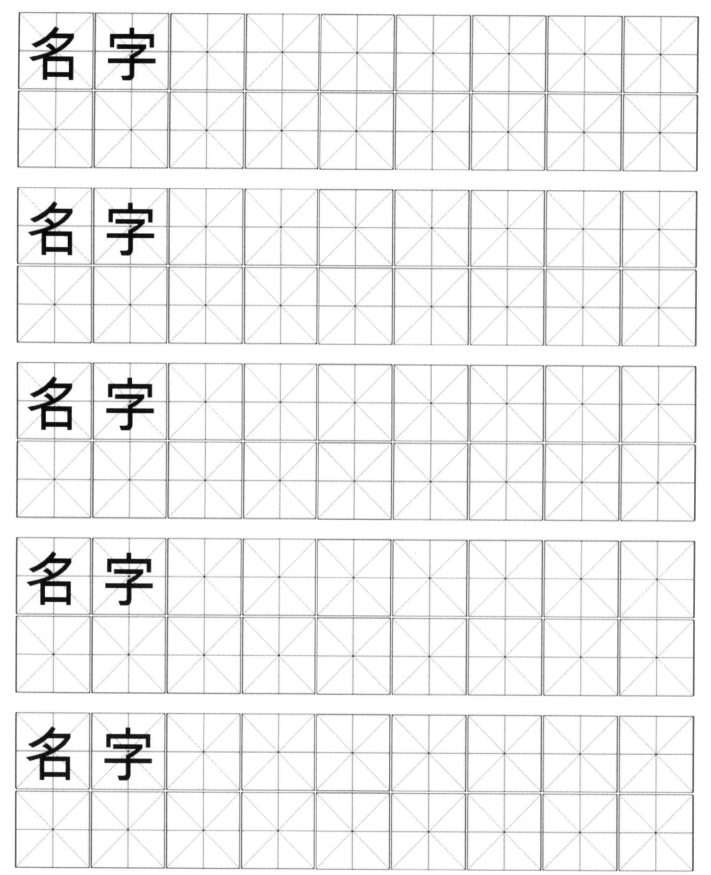

104. 书 (shū) - Book

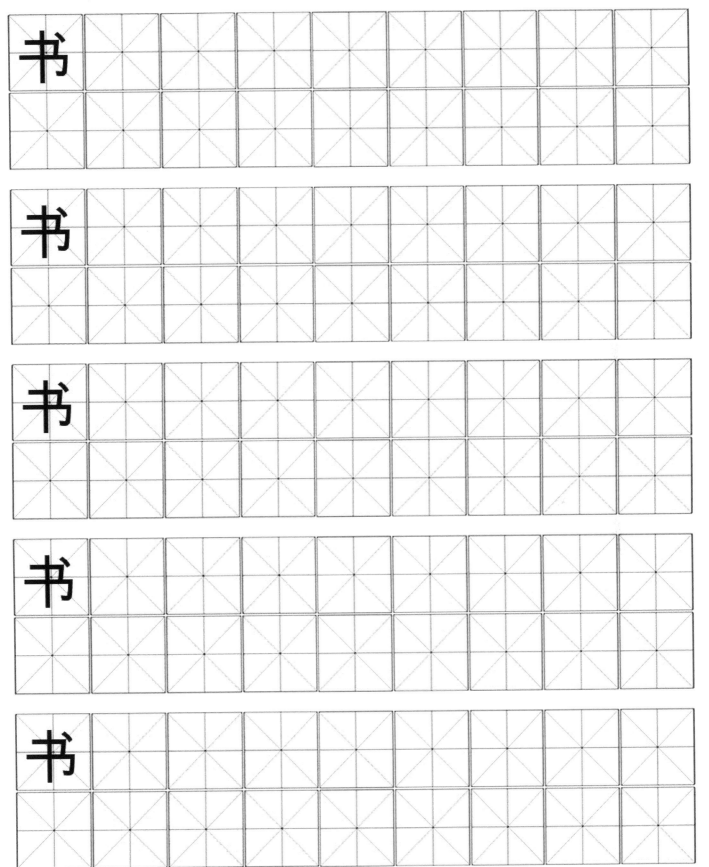

105. 汉语 (hànyǔ) - Mandarin chinese

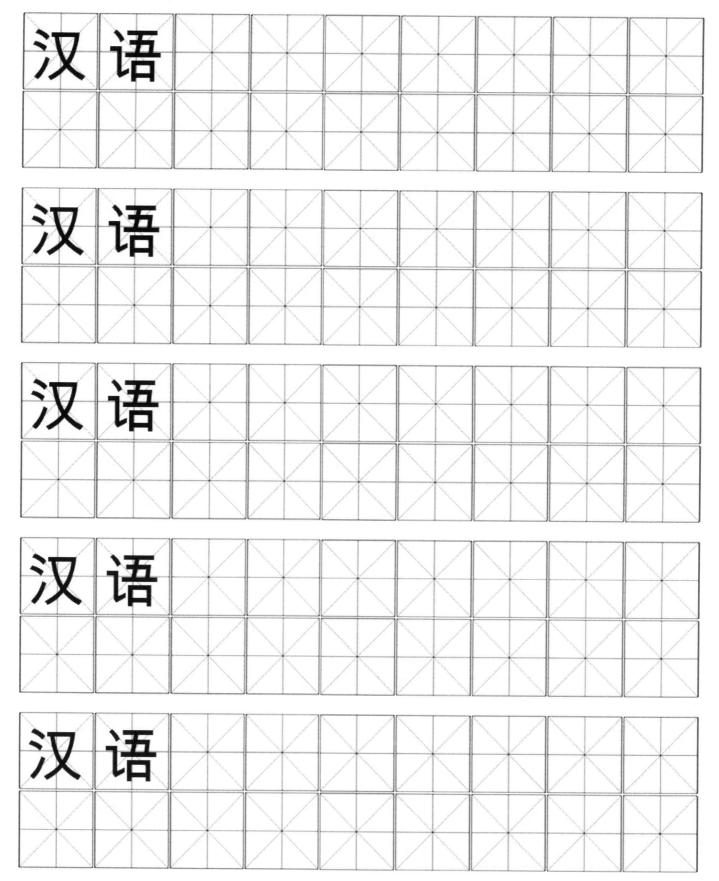

106. 字 (zì) - Character

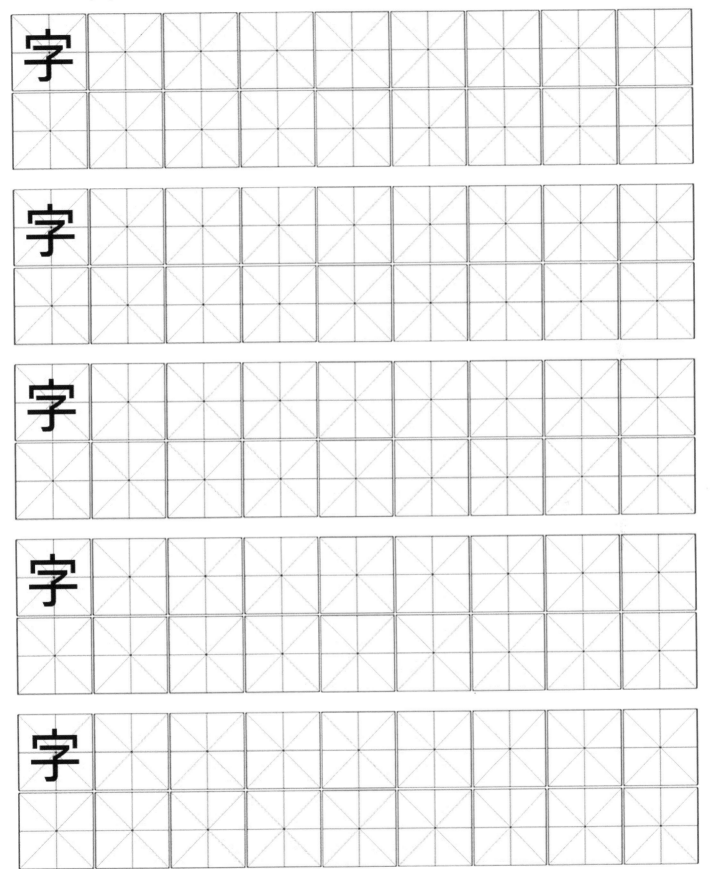

107. 桌子 (zhuōzi) - Desk

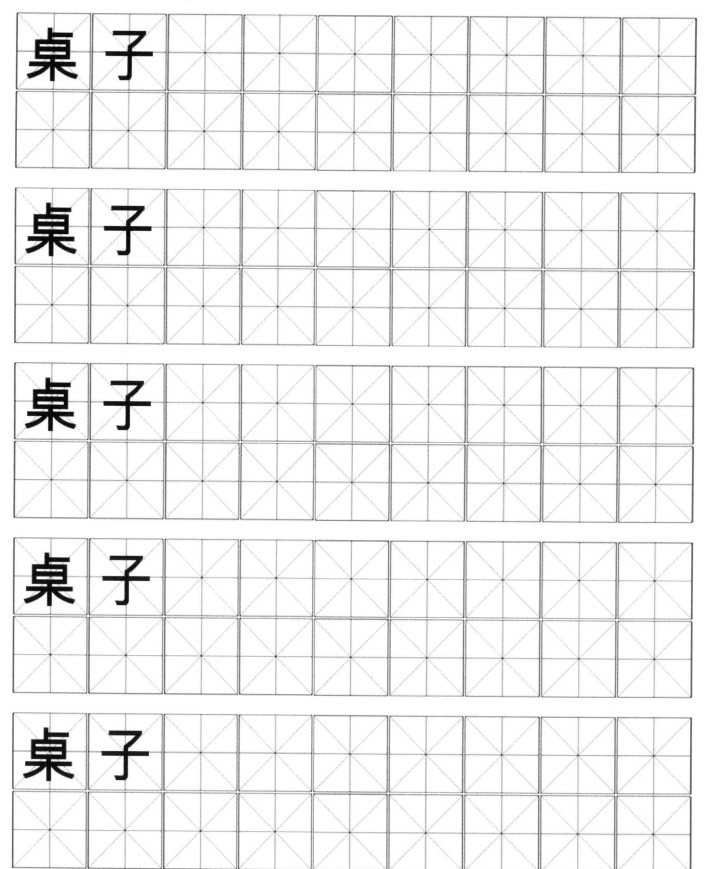

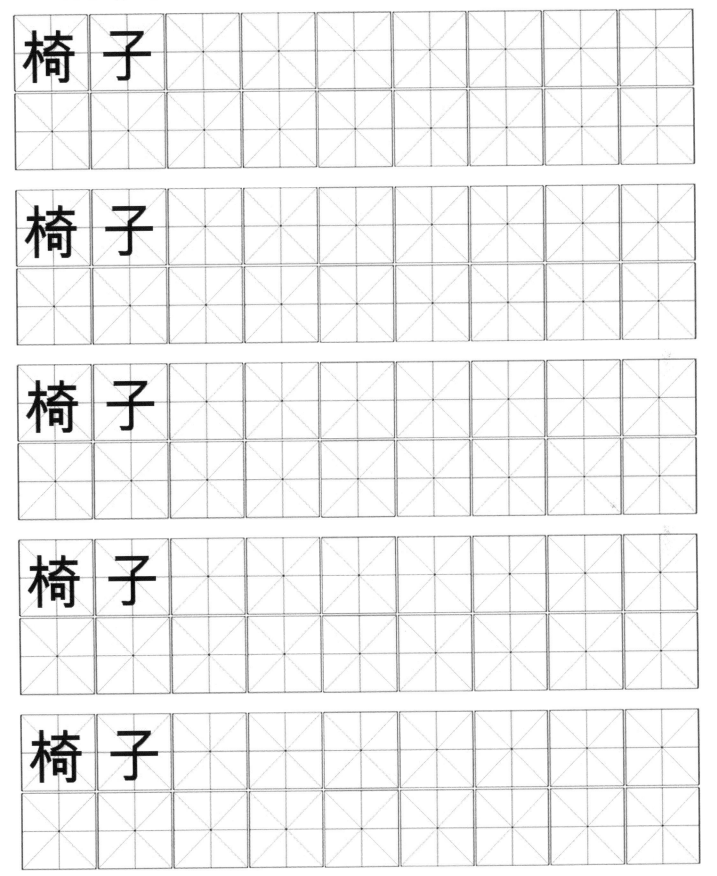

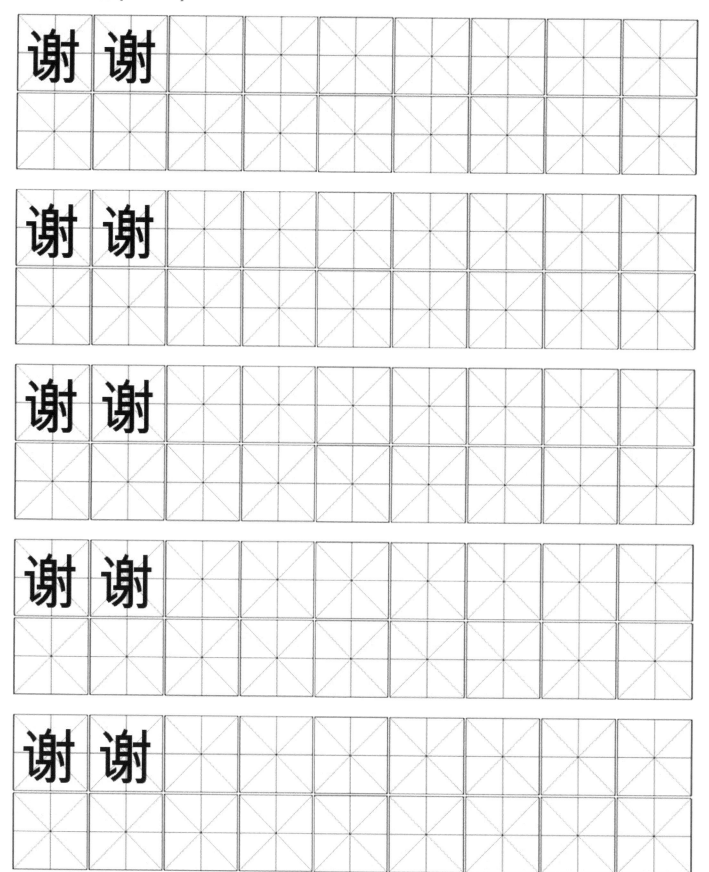

110. 不客气 (búkèqì) - You are welcome

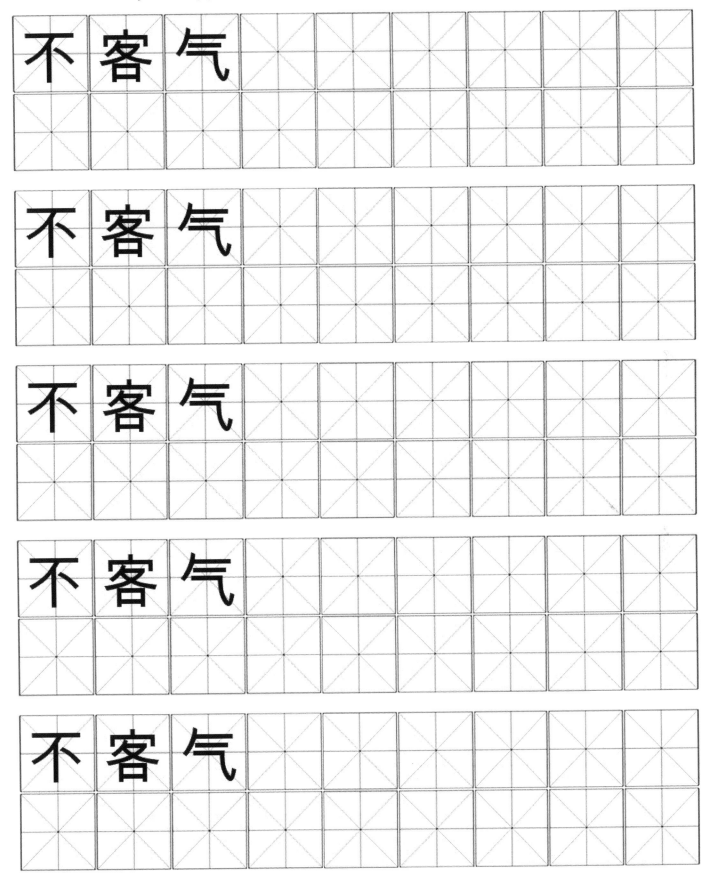

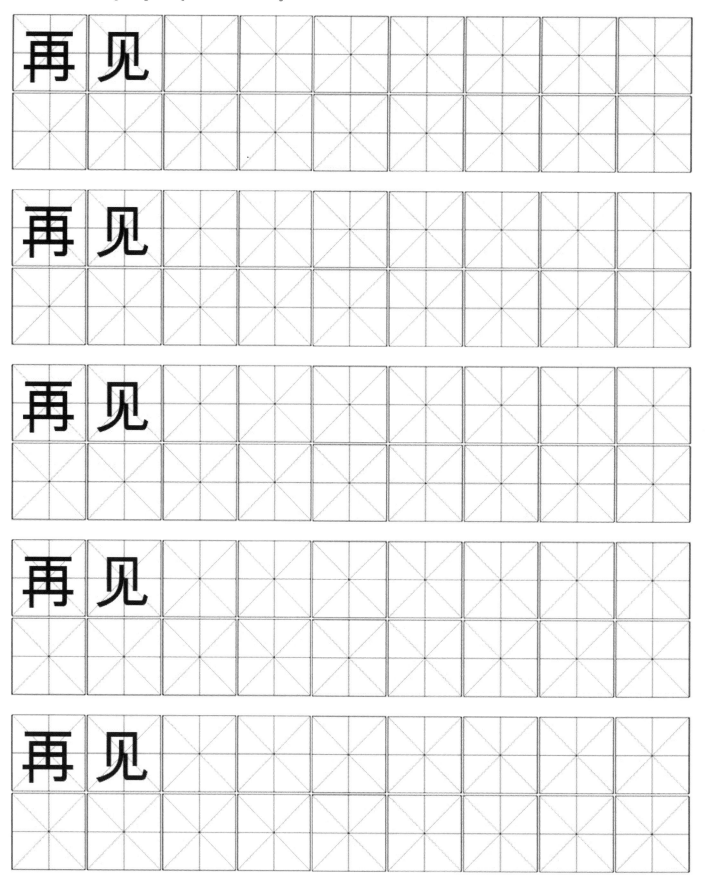

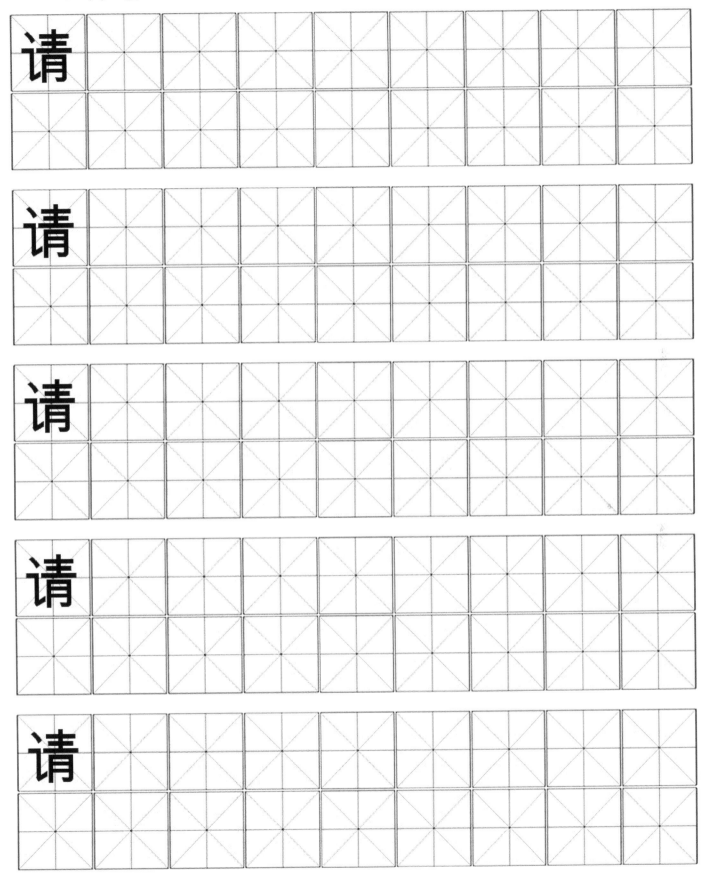

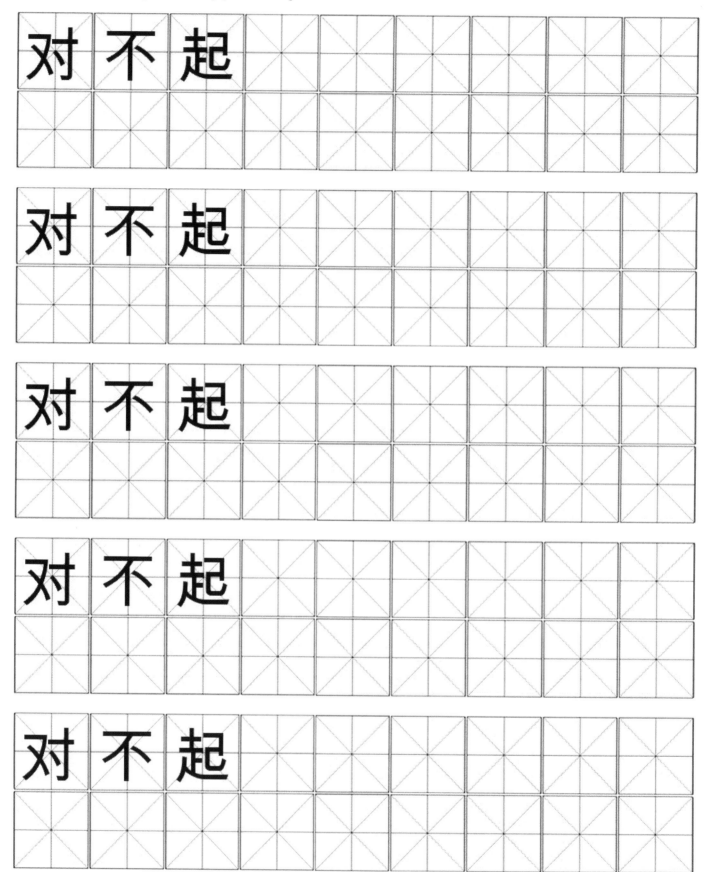

114. 没关系 (méiguānxì) - It doesn't matter

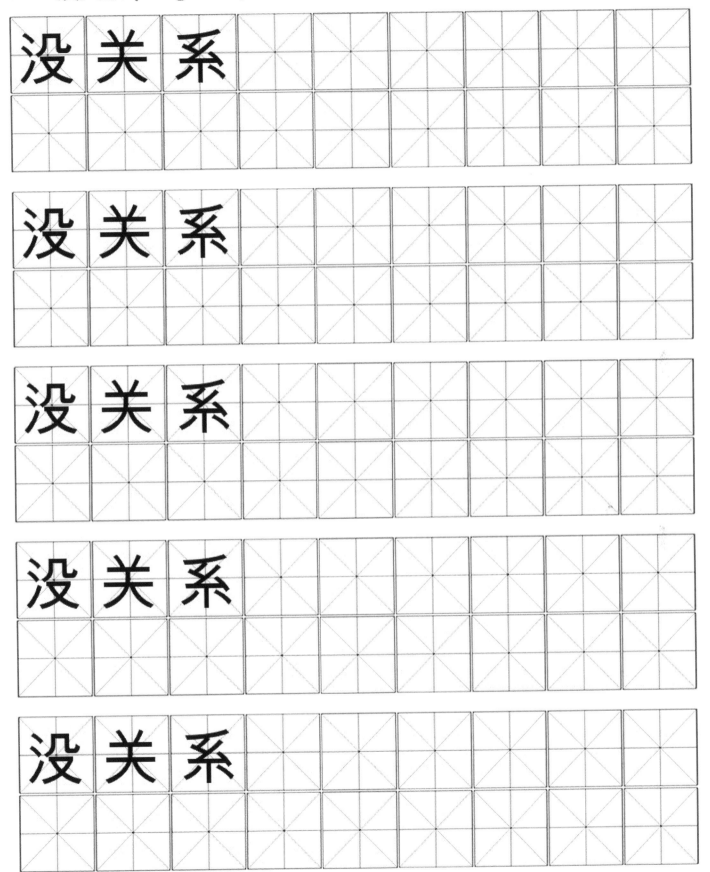

115. 是 (shì) - Be (am, is, are)

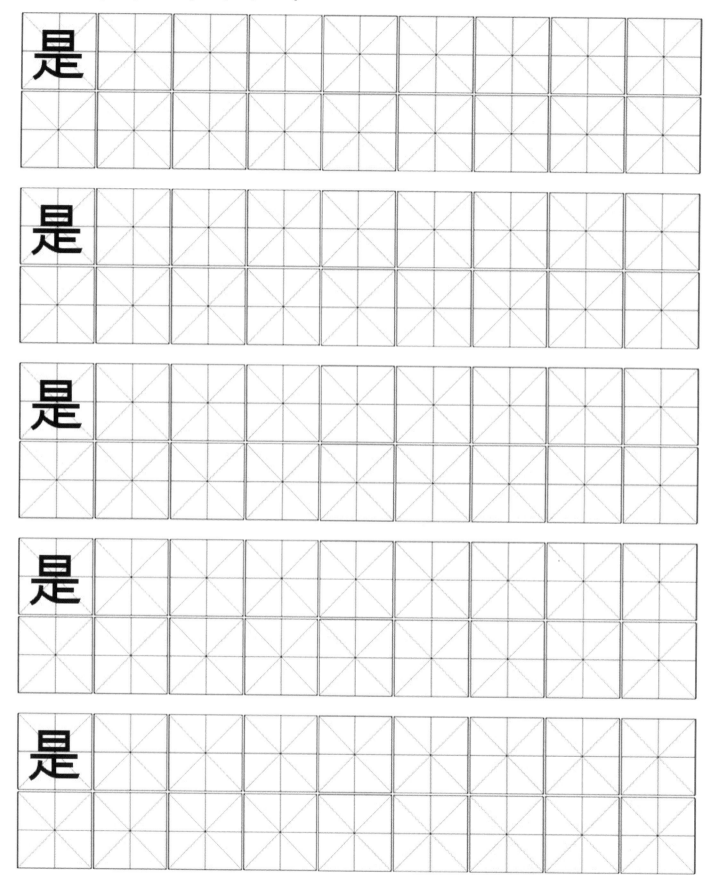

116. 有 (yǒu) - Have

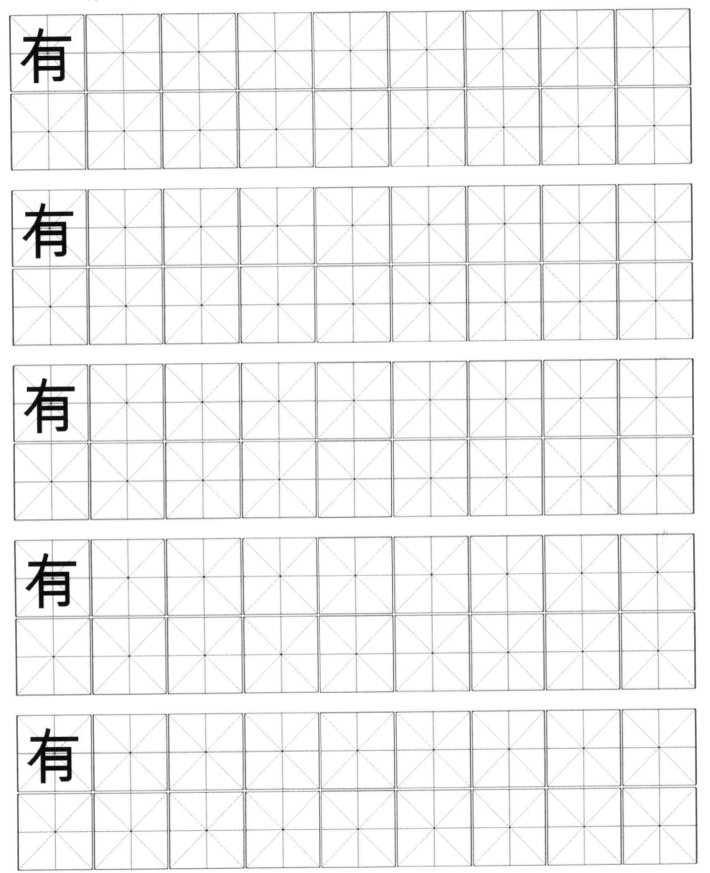

117. 看 (kàn) - Look

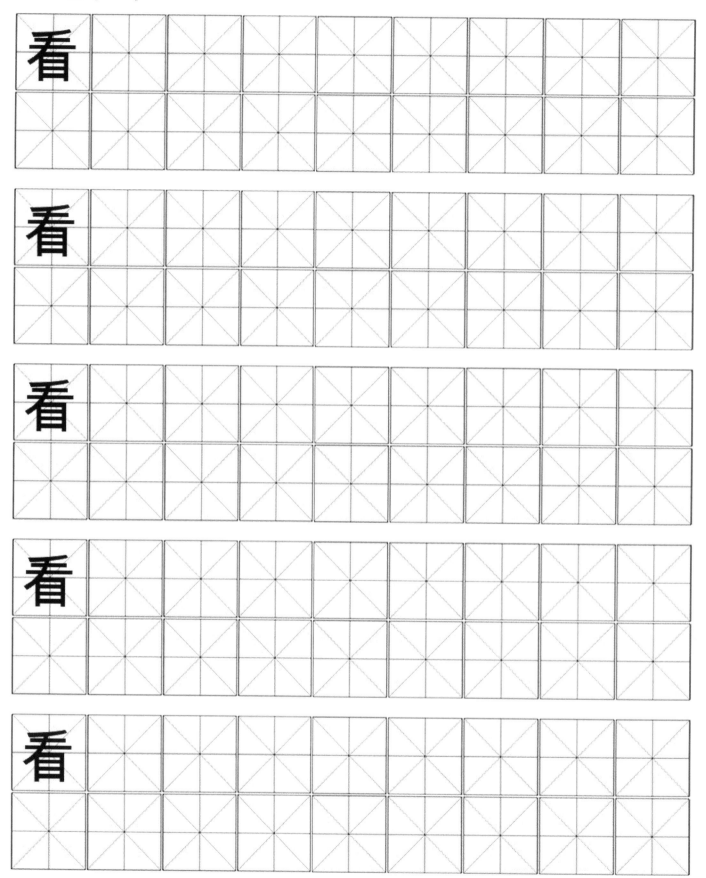

118. 听 (tīng) - Listen

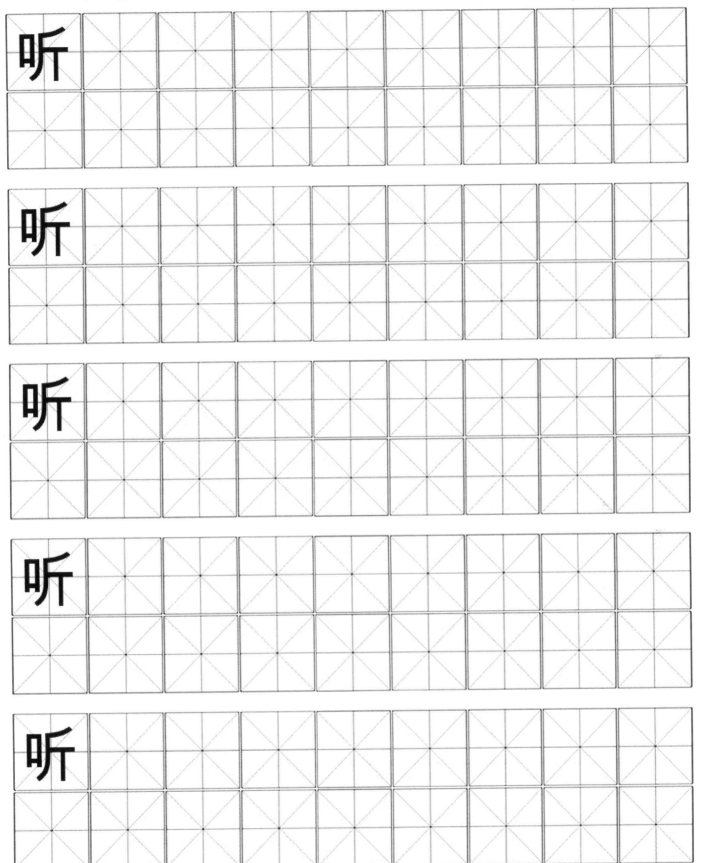

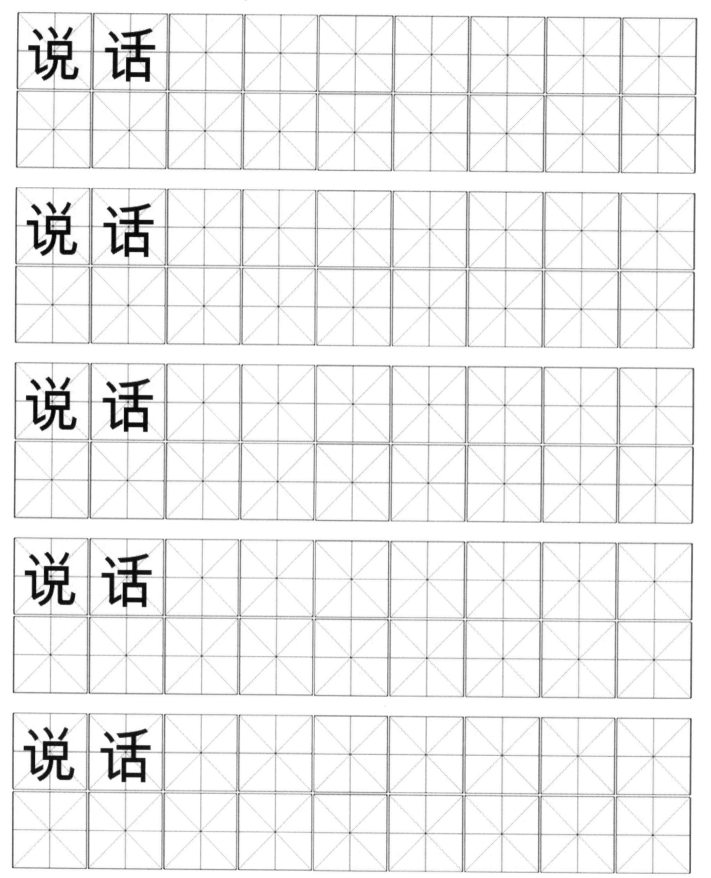

120. 读 (dú) - Read

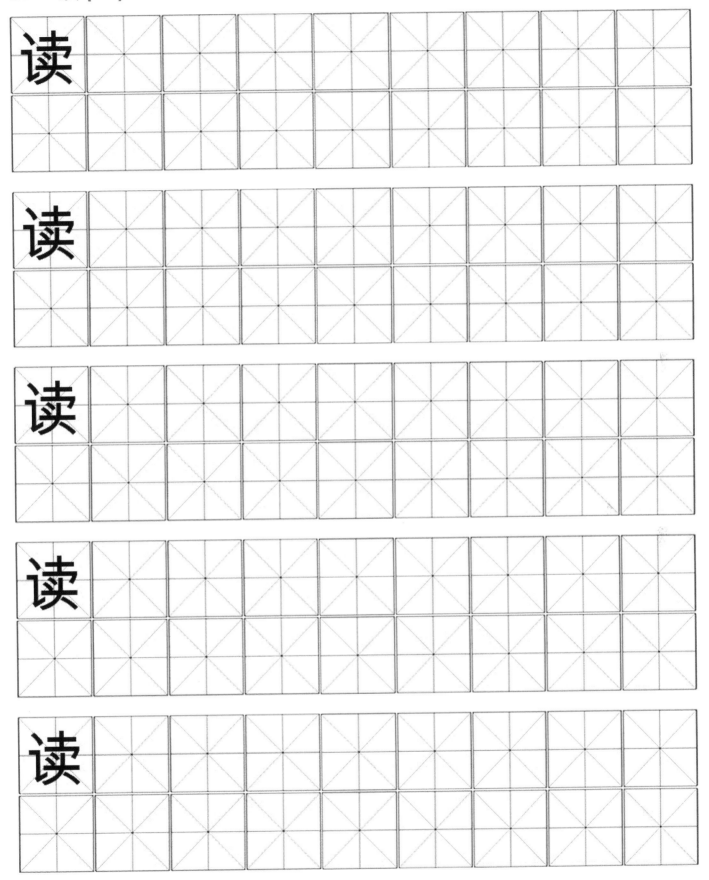

121. 写 (xiě) - Write

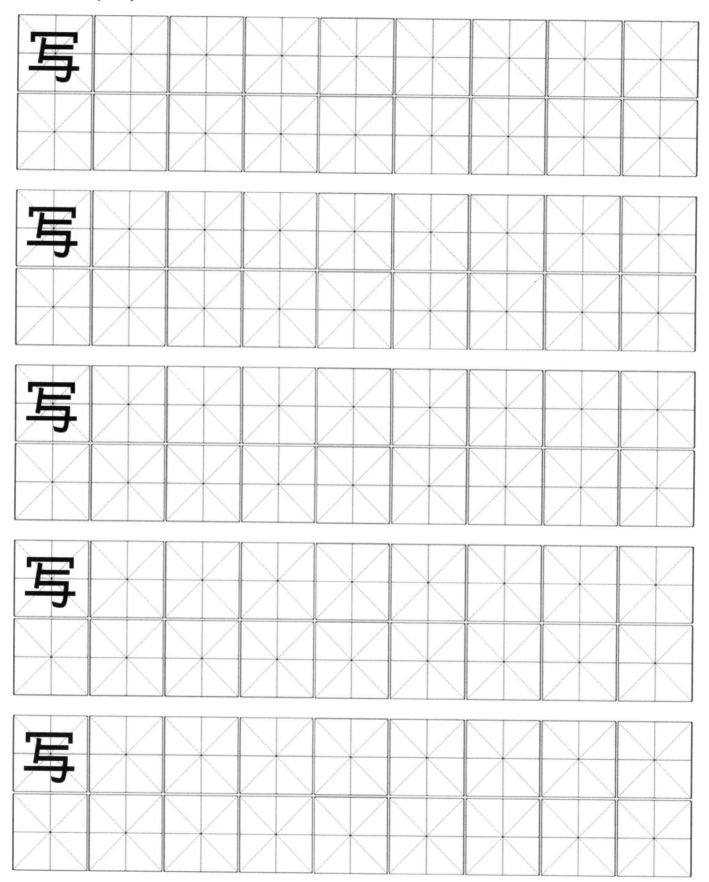

122. 看见 (kànjiàn) - See

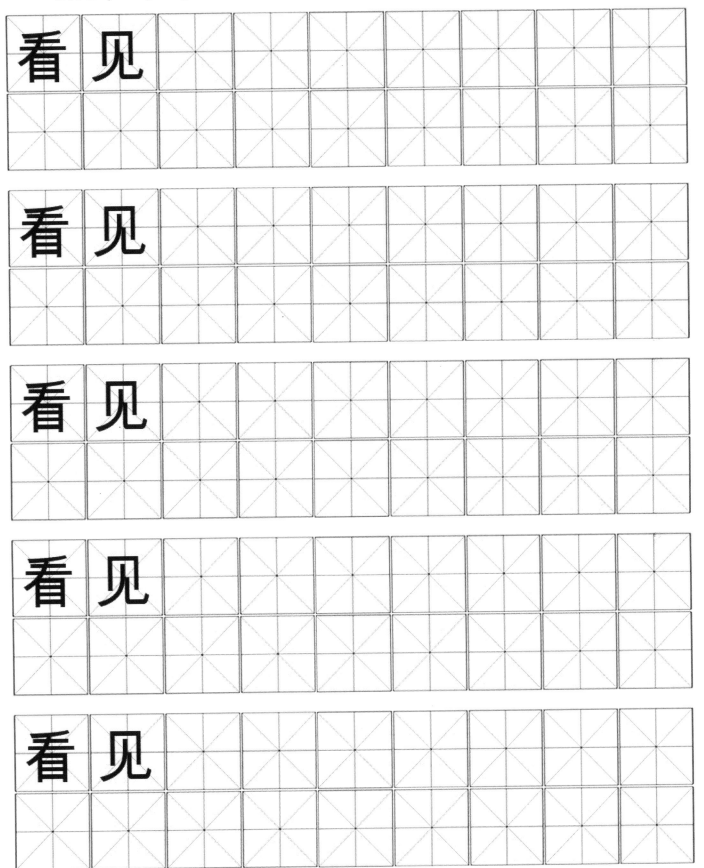

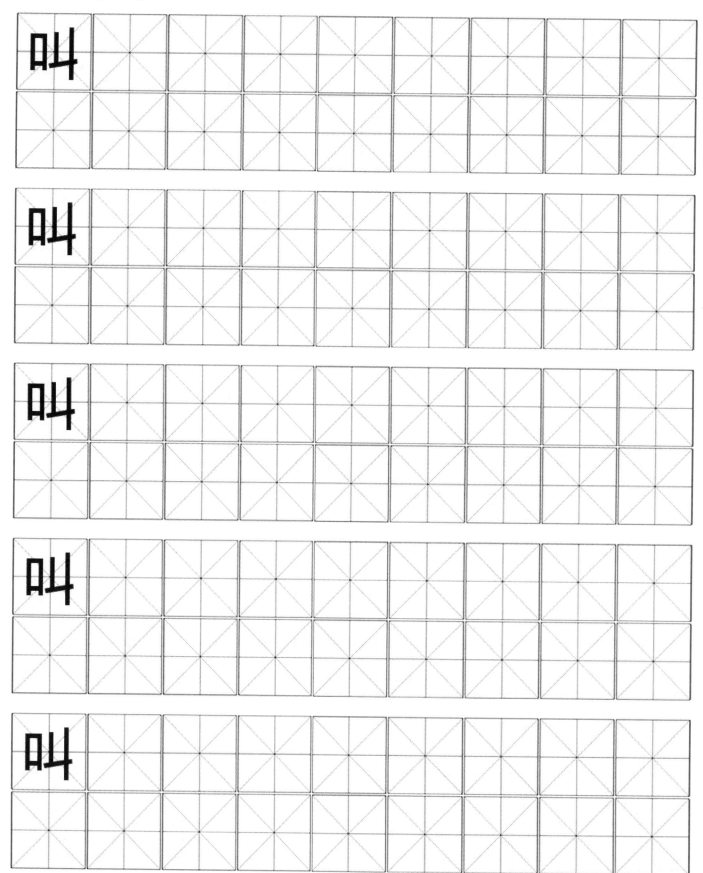

124. 来 (lái) - Come

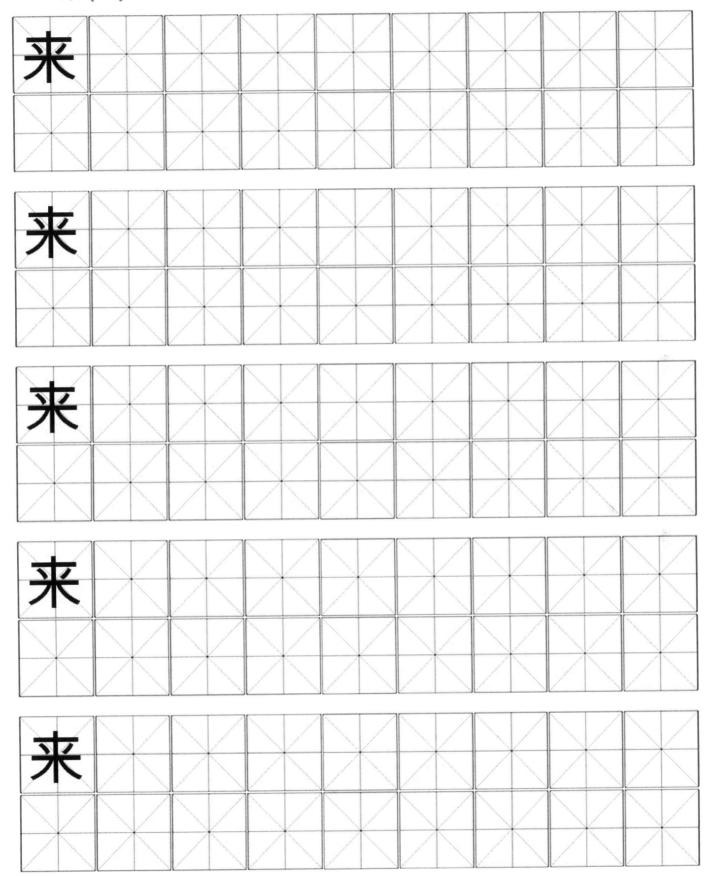

125. 回 (huí) - Return

126. 去 (qù) - Go

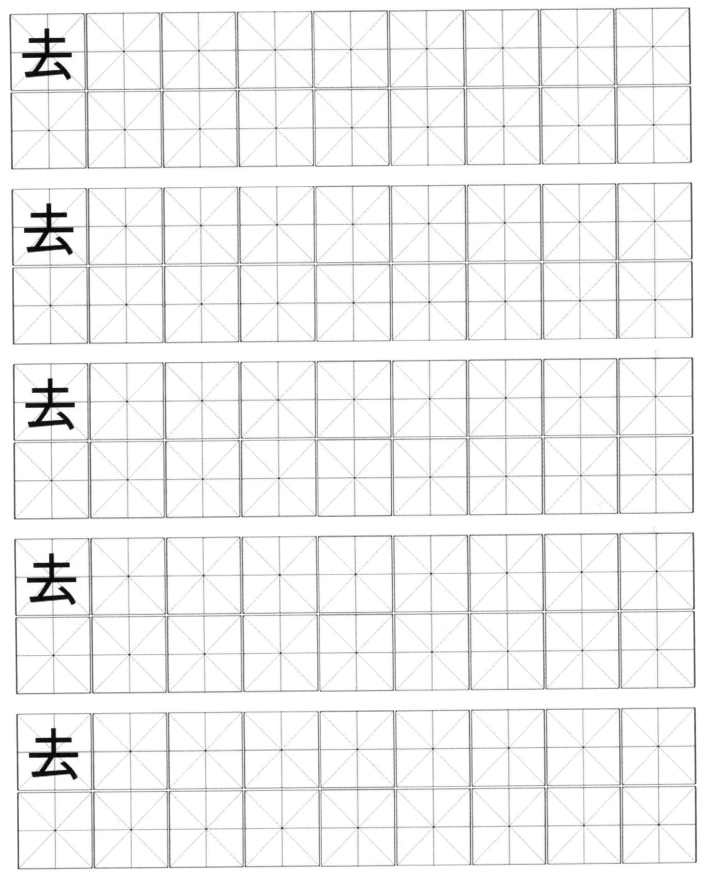

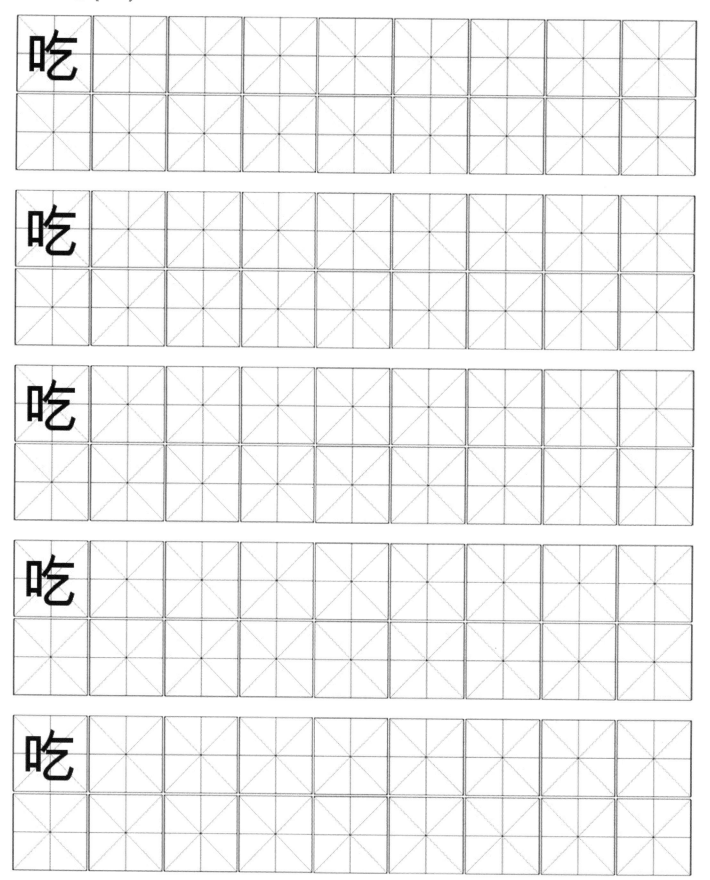

128. 喝 (hē) - Drink

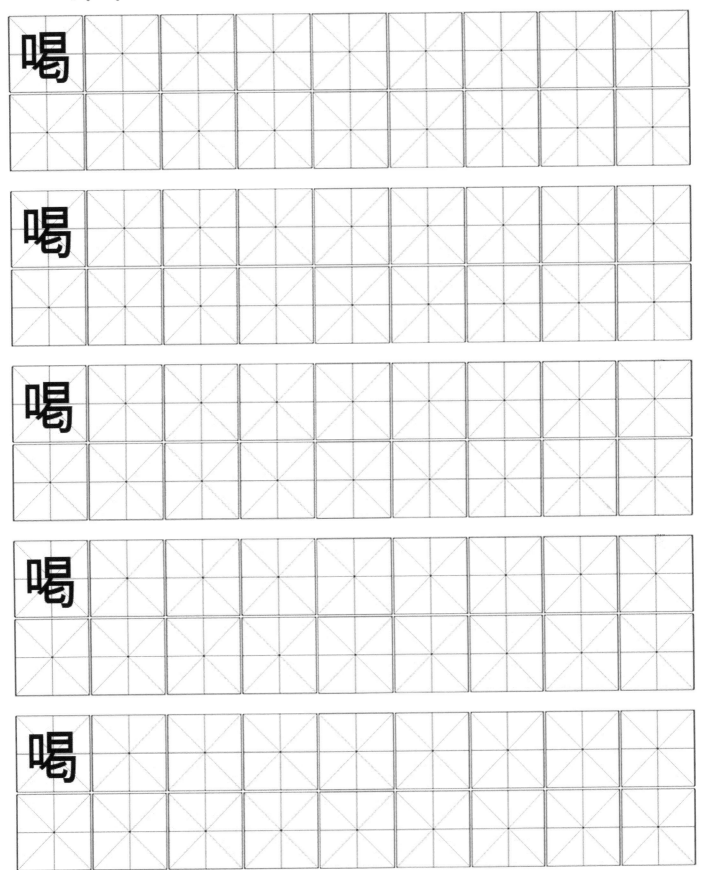

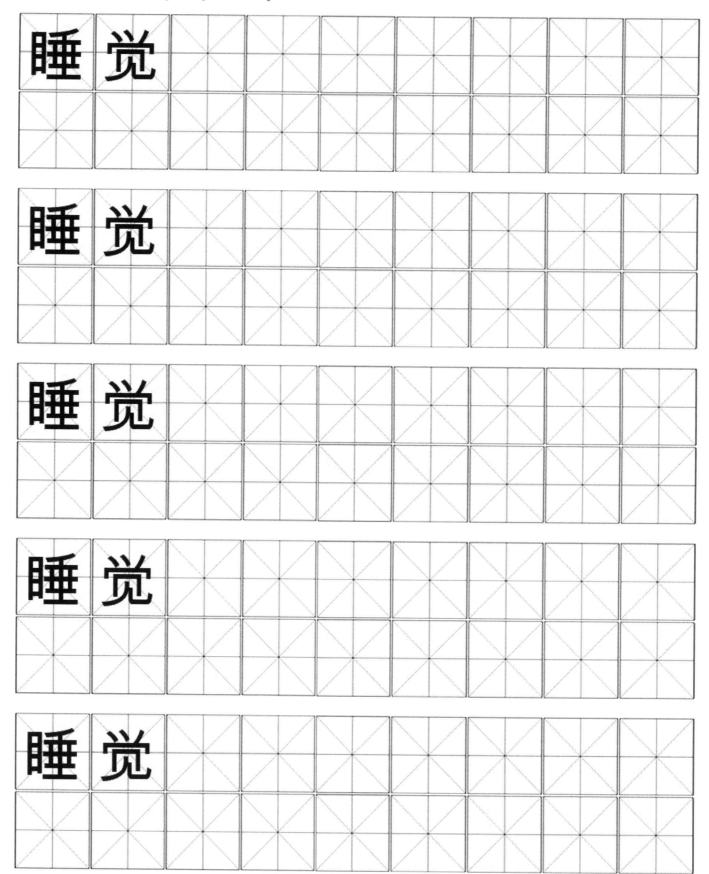

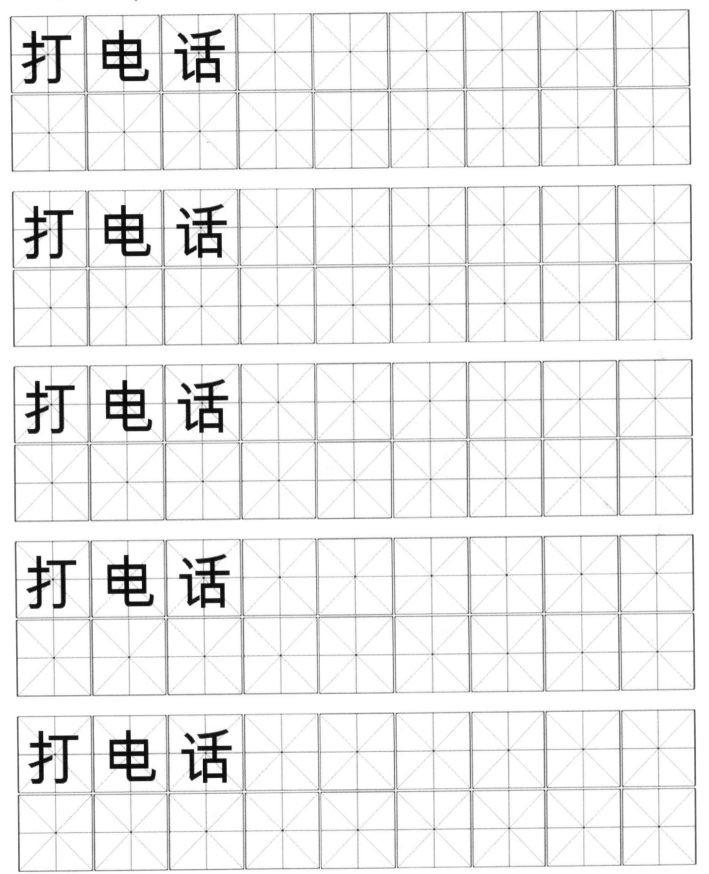

131. 做 (zuò) - Do

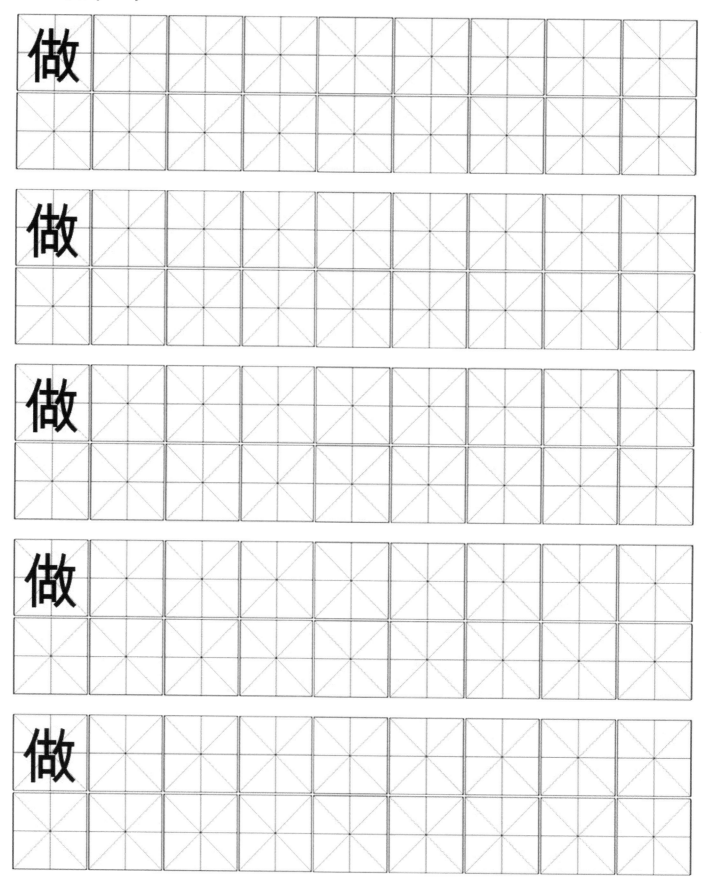

132. 买 (mǎi) - Buy

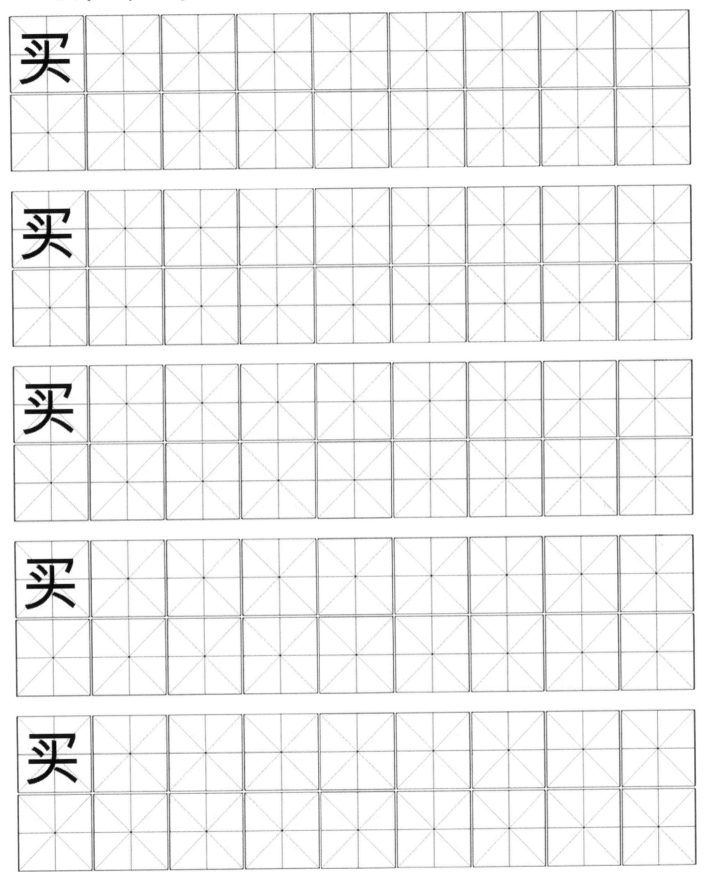

133. 开 (kāi) - Open

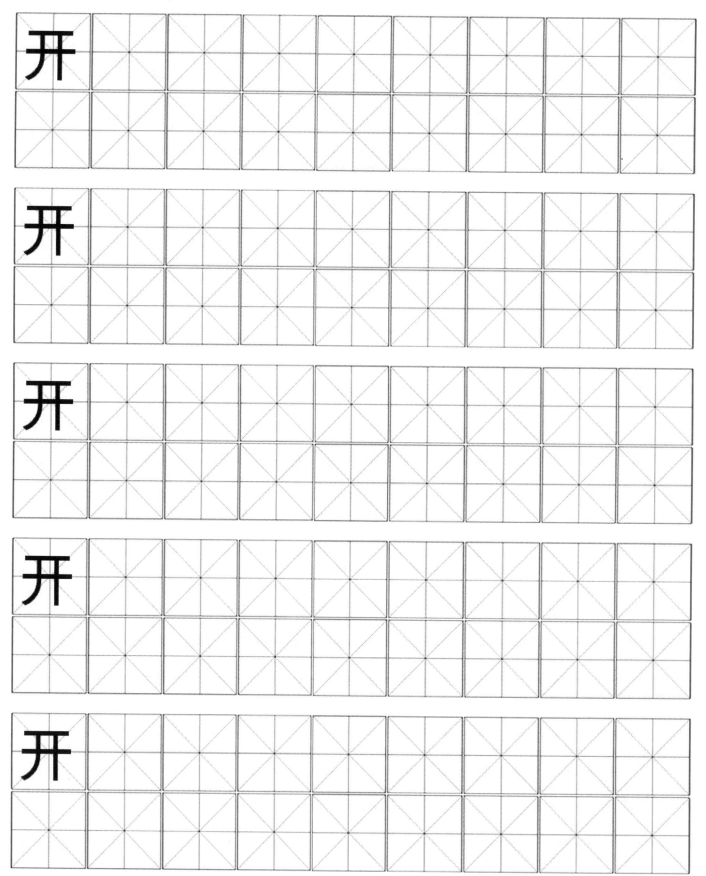

134. 坐 (zuò) - Sit

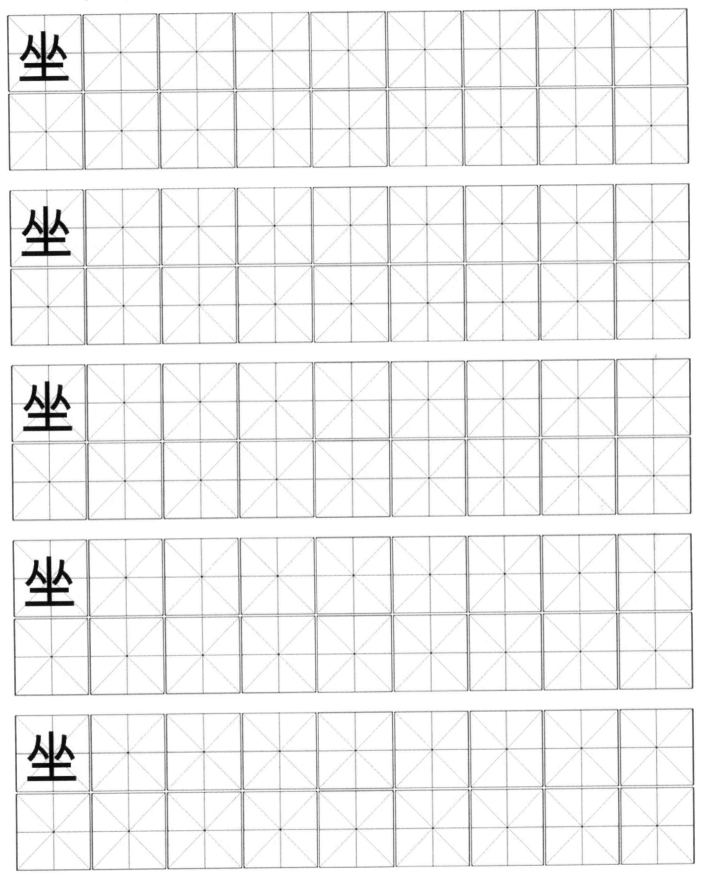

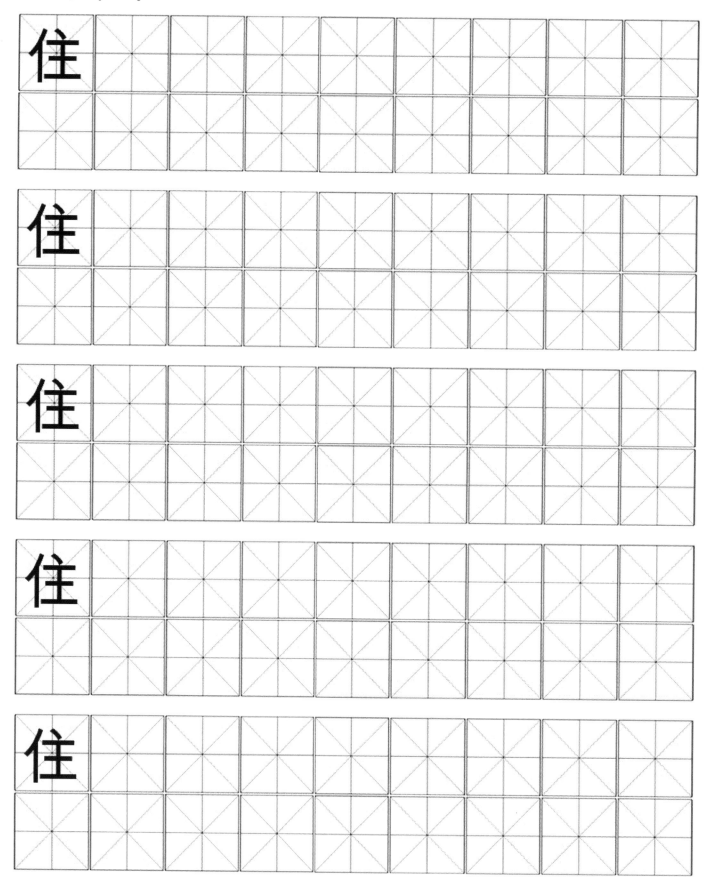

136. 学习 (xuéxí) - Study

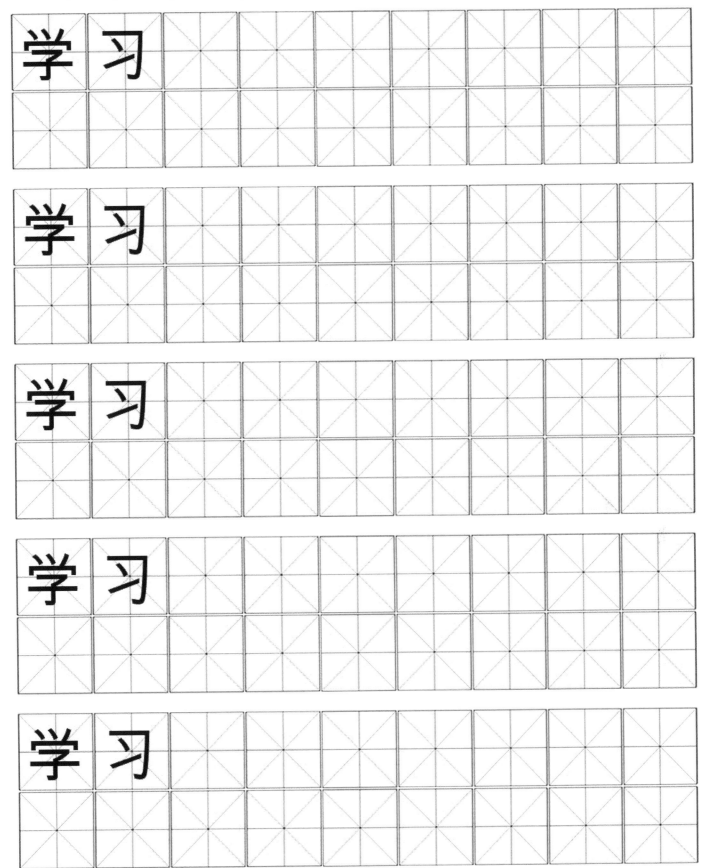

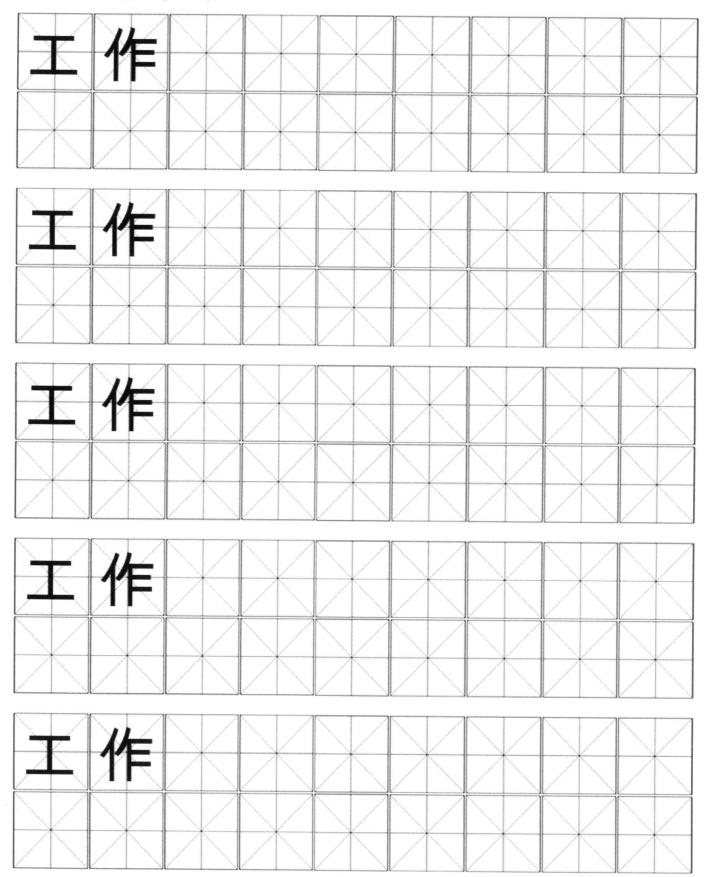

138. 下雨 (xiàyǔ) - Rain

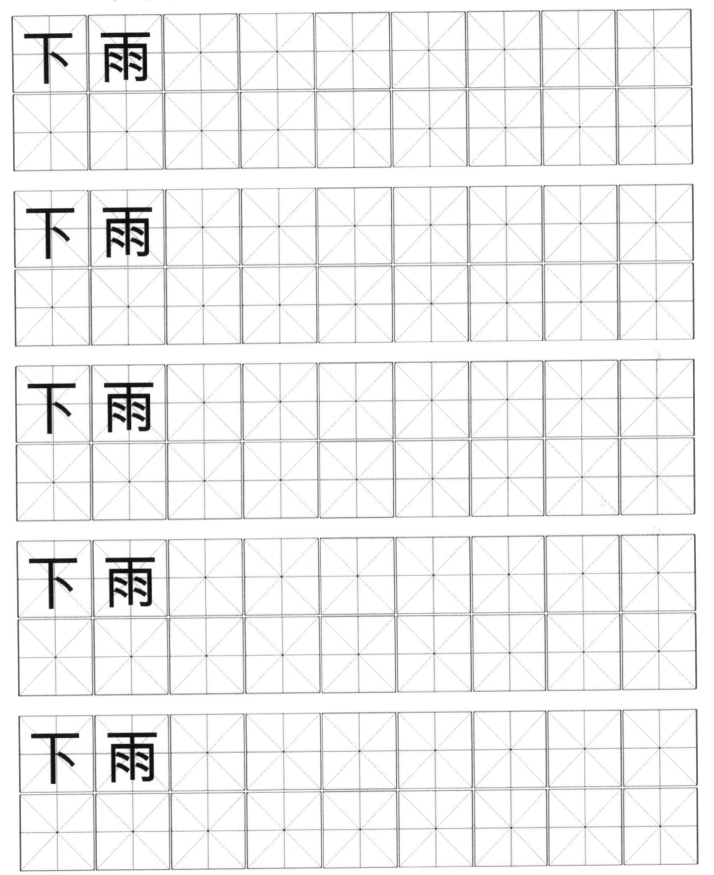

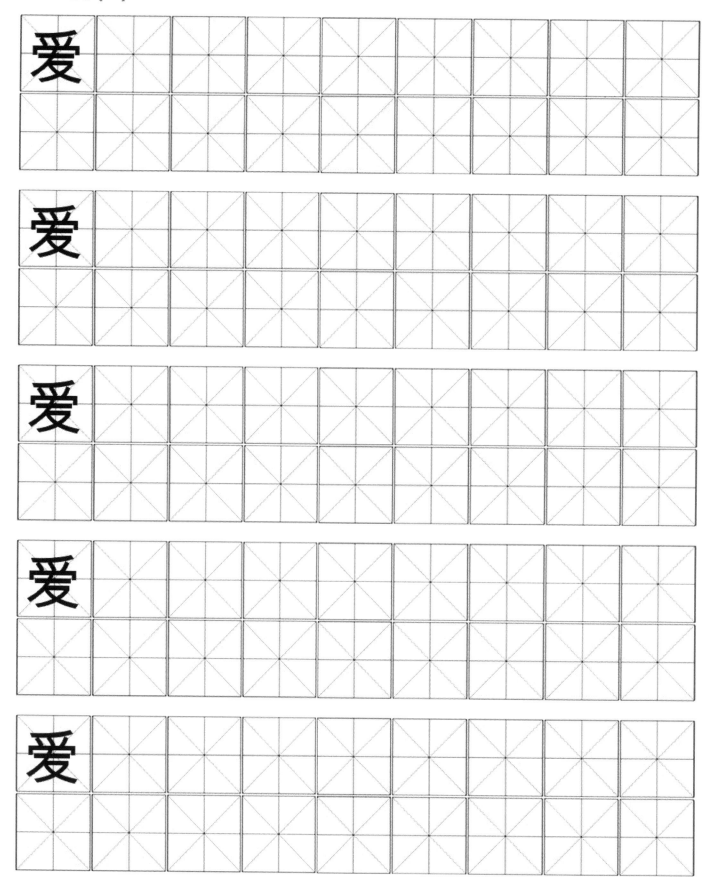

140. 喜欢 (xǐhuān) - Love, like

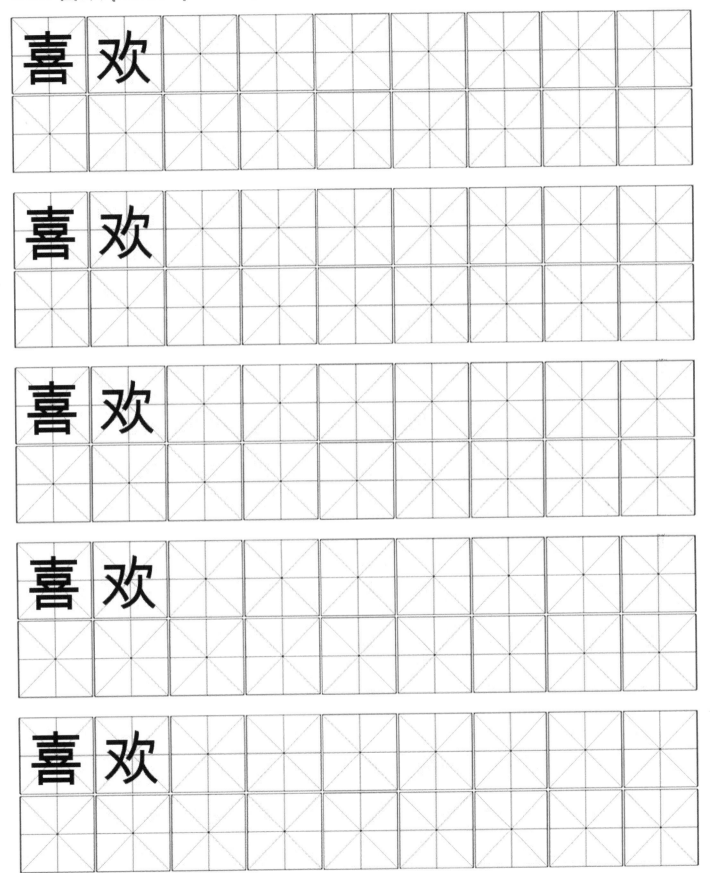

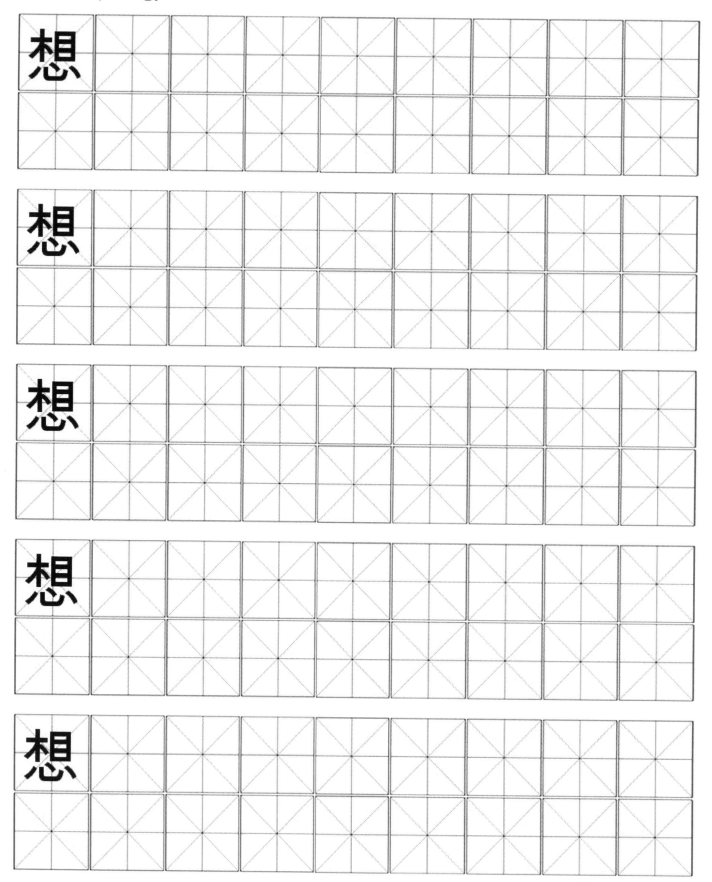

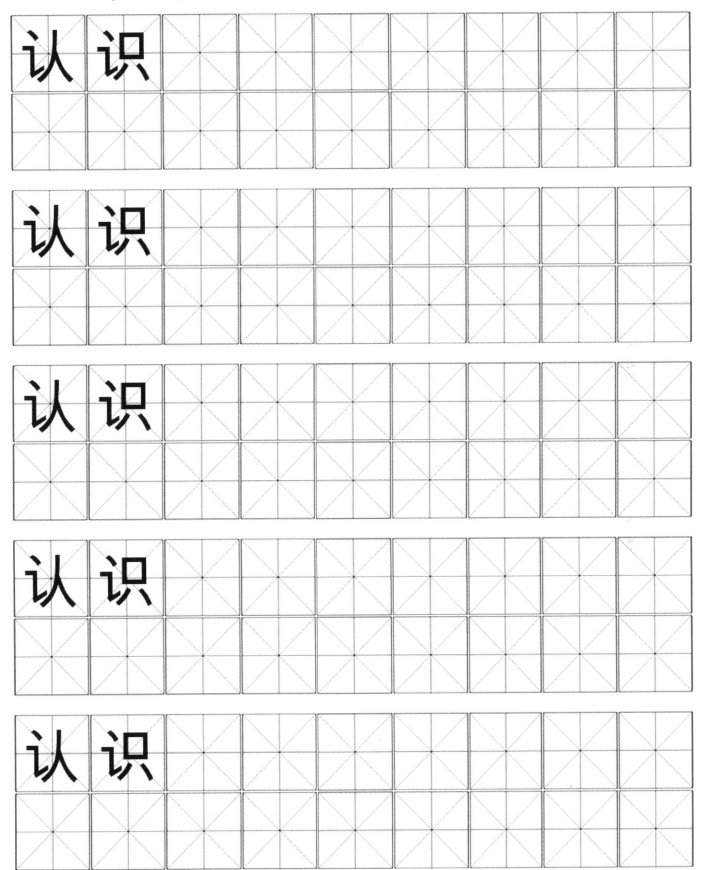

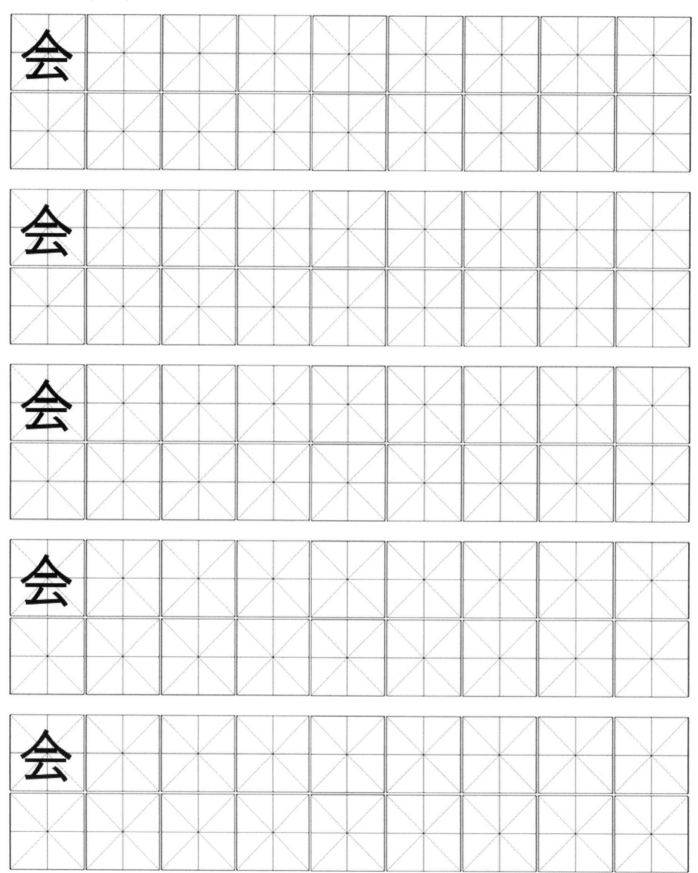

144. 能 (néng) - Can, be able to

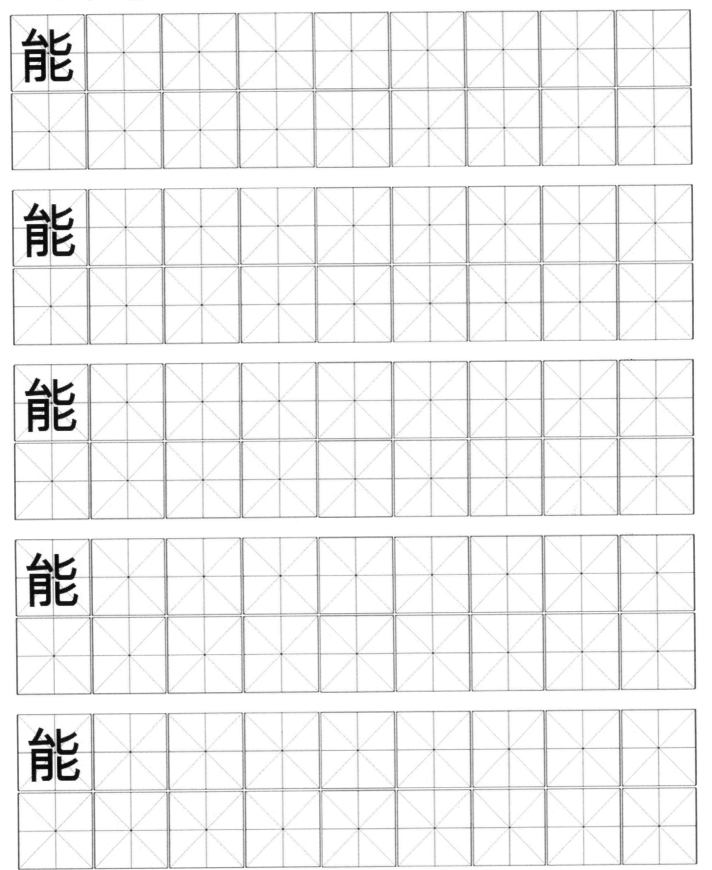

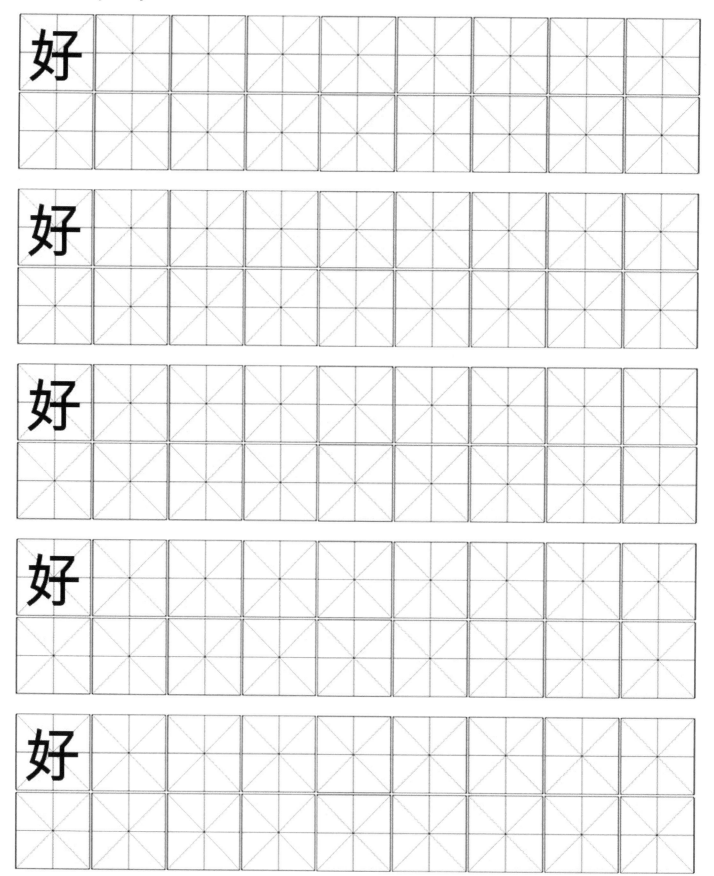

146. 大 (dà) - Big

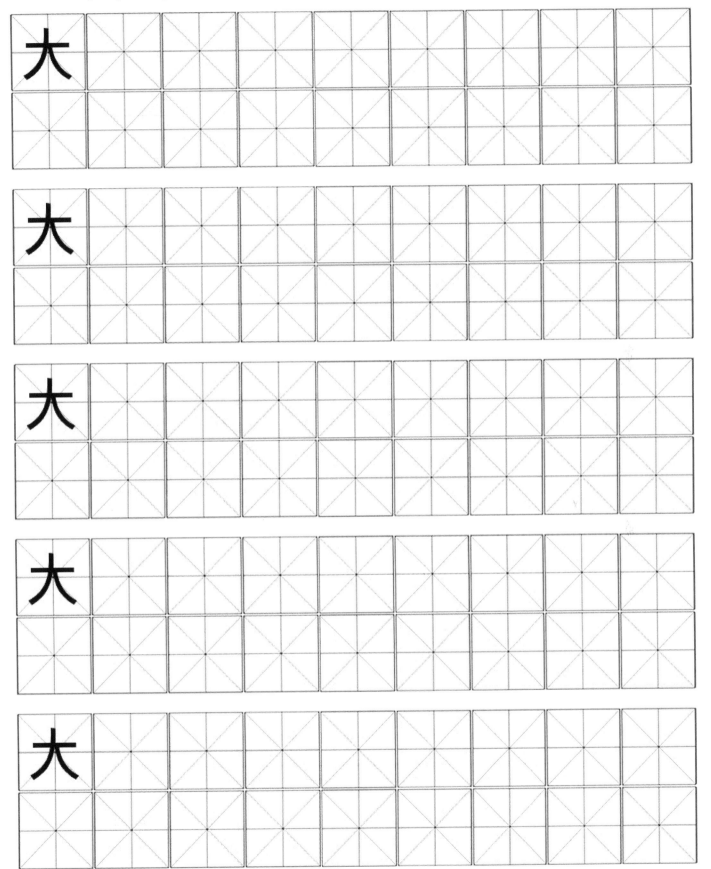

147. 小 (xiǎo) - Small

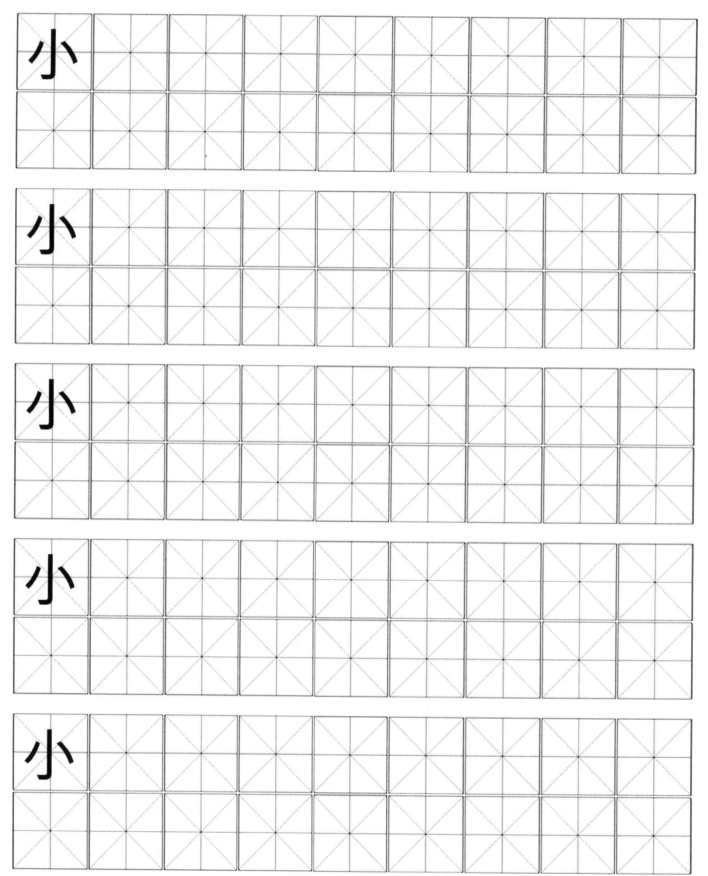

148. 多 (duō) - Many, much

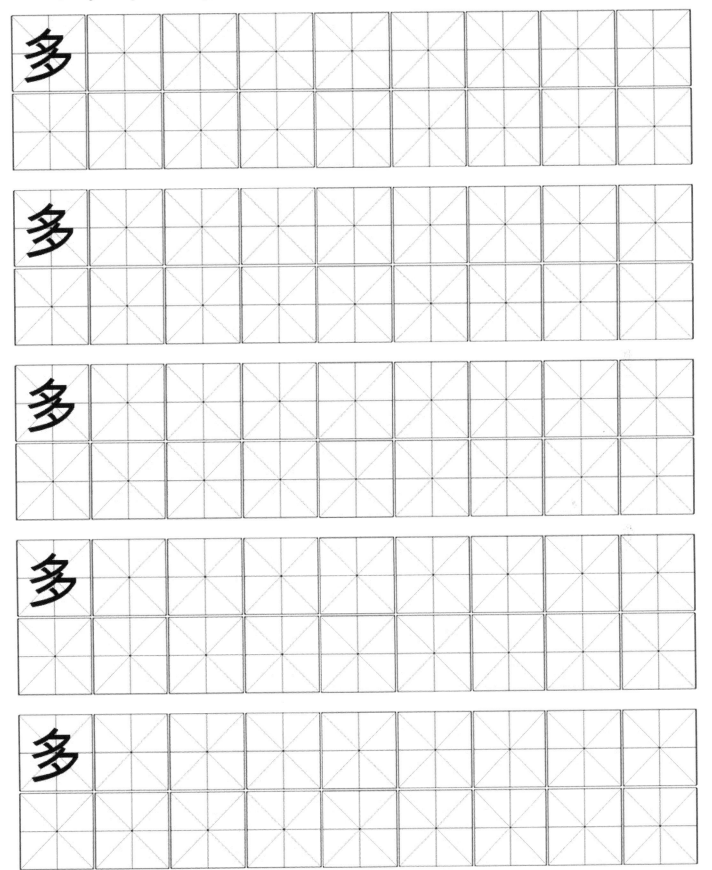

149. 少 (shǎo) - Few, little

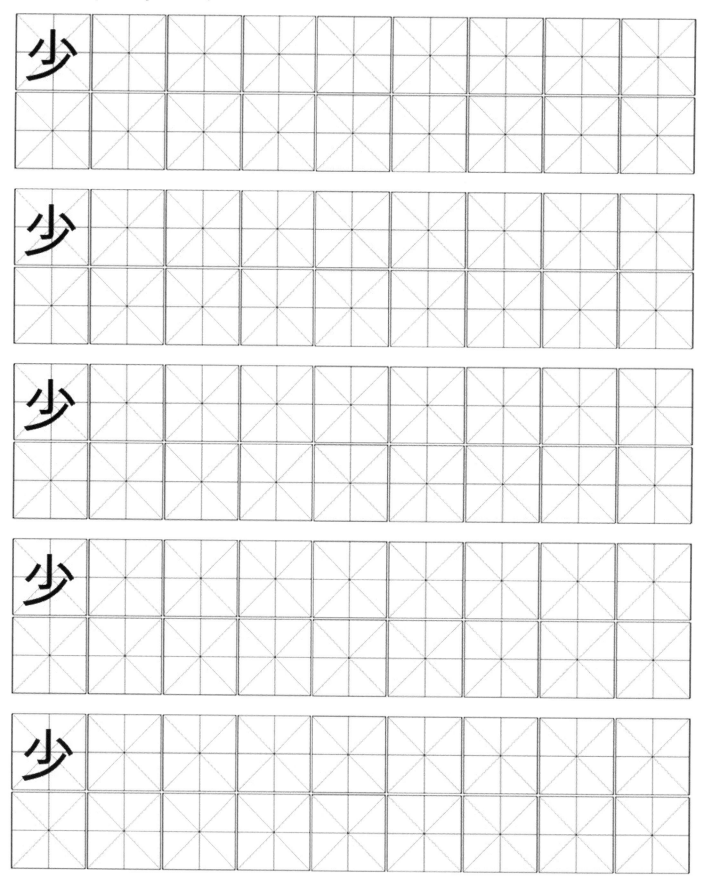

150. 冷 (lěng) - Cold

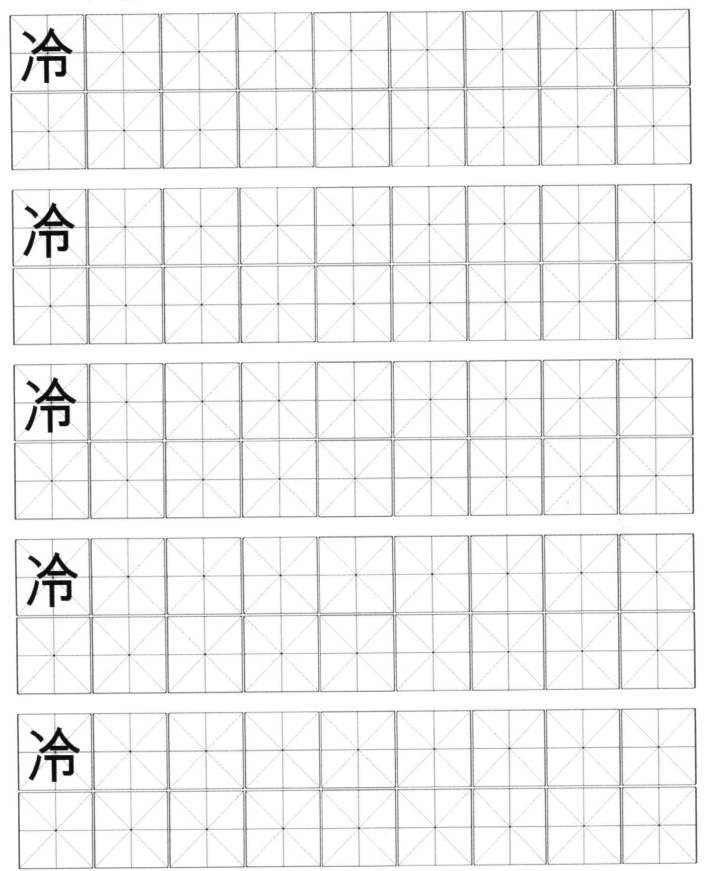

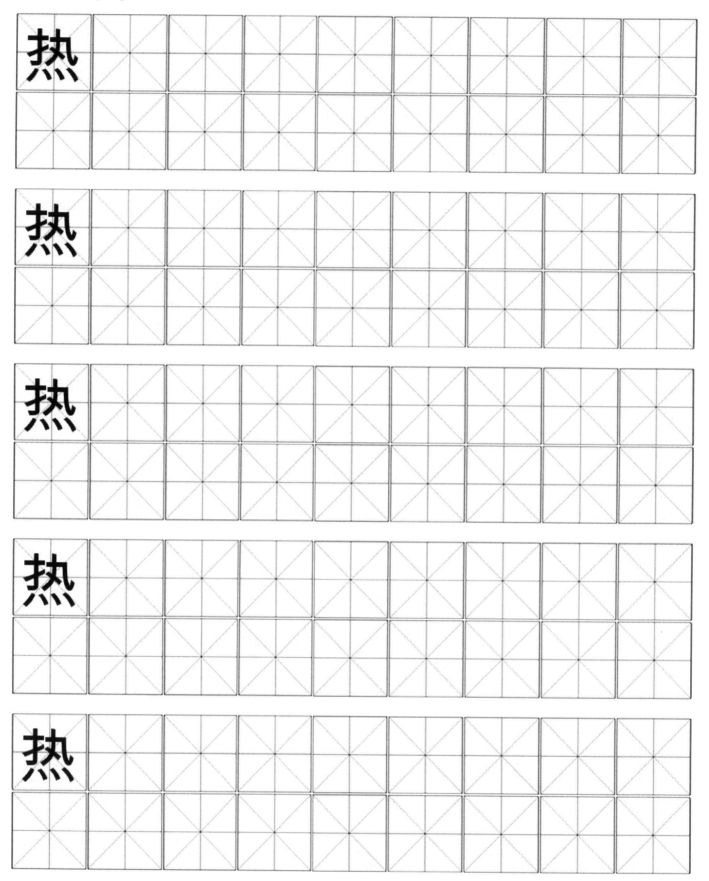

152. 高兴 (gāoxìng) - Happy

高兴

高兴

高兴

高兴

高兴

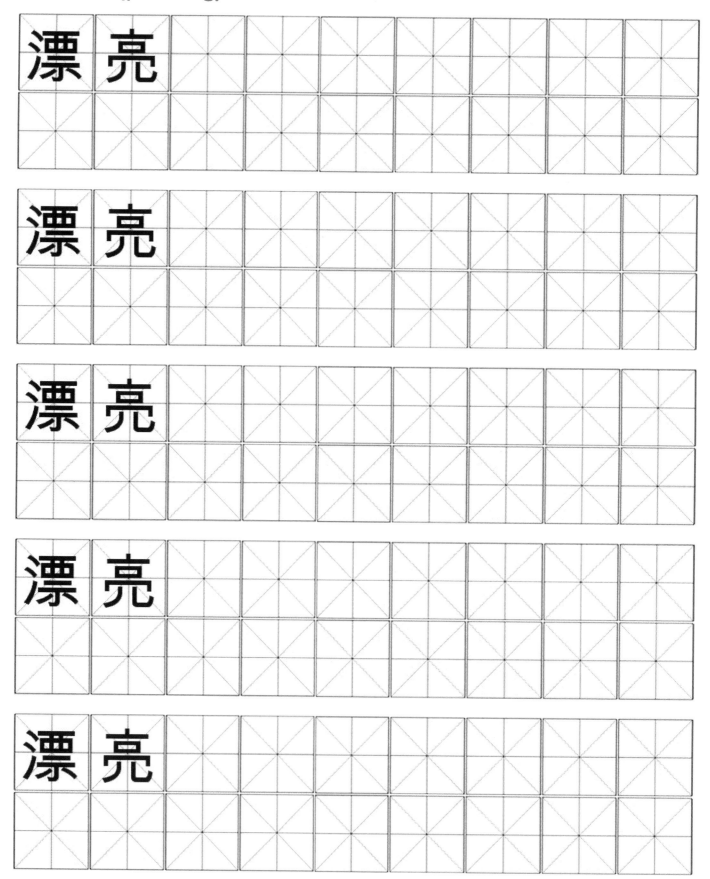

1. 一 (yī) - One

Example: 一个人 (One person)

Pinyin: yī gè rén

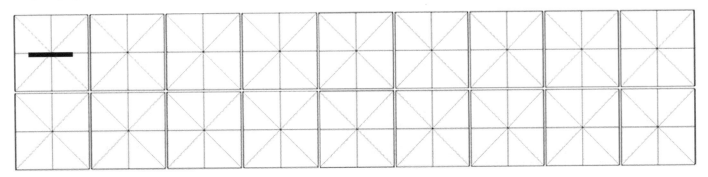

2. 二 (èr) - Two

Example: 二本书 (2 books)

Pinyin: èr běn shū

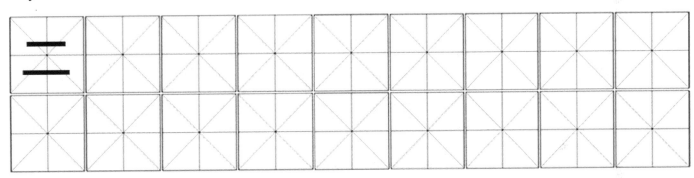

3. 三 (sān) - Three

Example: 三月 (March)

Pinyin: sān yuè

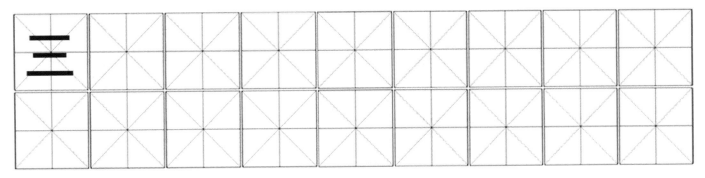

4. 四 (sì) - Four

Example: 三月四日 (4th of march)

Pinyin: sān yuè sì rì

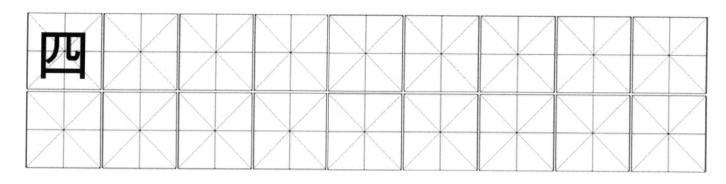

5. 五 (wǔ) - Five

Example: 三月四日一五年 (4th of march 2015)

Pinyin: sān yuè sì rì yī wǔ nián

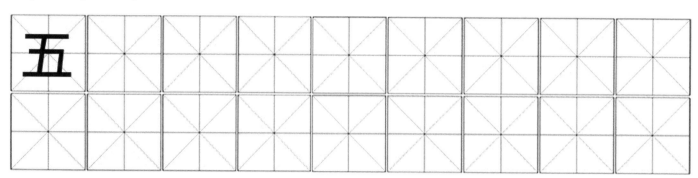

6. 六 (liù) - Six

Example: 六年 (6 years)

Pinyin: liù nián

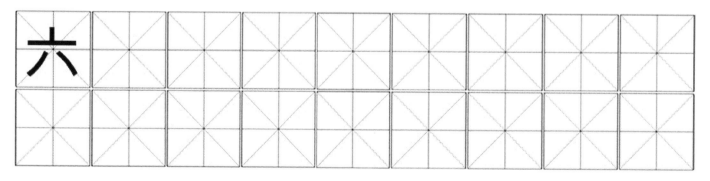

7. 七 (qī) - Seven

Example: 七杯茶 (7 cups of tea)

Pinyin: qī bēi chá

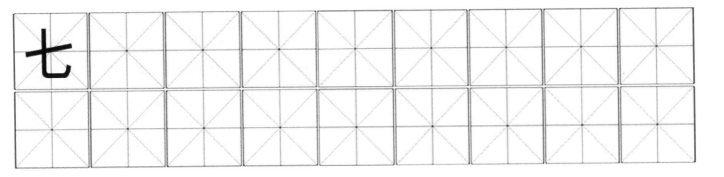

8. 八 (bā) - Eight

Example: 八块钱 (8 dollars)

Pinyin: bā kuài qián

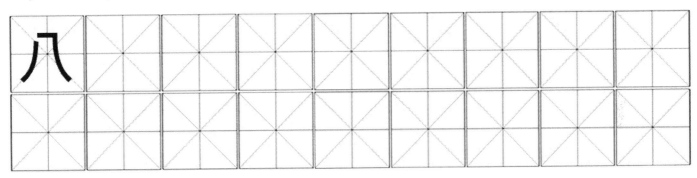

9. 九 (jiǔ) - Nine

Example: 他六岁 (He is 6 years old)

Pinyin: tā liù suì

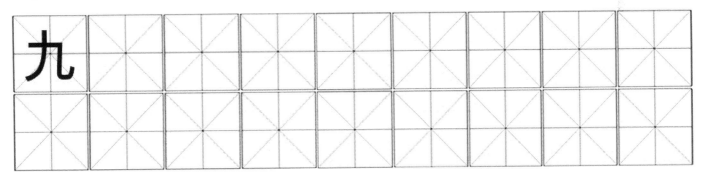

10. 十 (shí) - Ten

Example: 十一年 (11 years)

Pinyin: shí yī nián

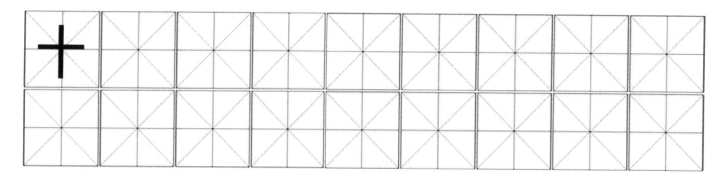

11. 零 (líng) - Zero

Example: 零吗？ (Zero?)

Pinyin: líng ma ?

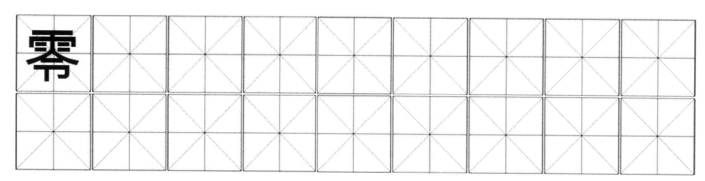

12. 个 (gè) - One, a, an or measure word

Example: 三个人在哪儿 (The 3 people are where?)

Pinyin: sān gè rén zài nǎ ér

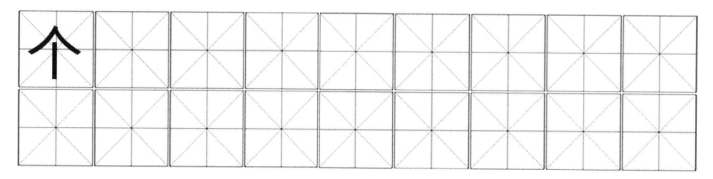

13. 我 (wǒ) - I, me

Example: 我是John (I am john)

Pinyin: wǒ shì John

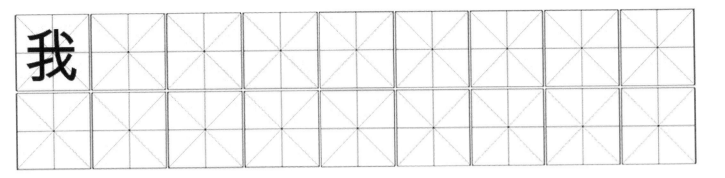

14. 我们 (wǒmen) - We, us (pl.)

Example: 我们去家了 (They went home)

Pinyin: wǒ men qù jiā le

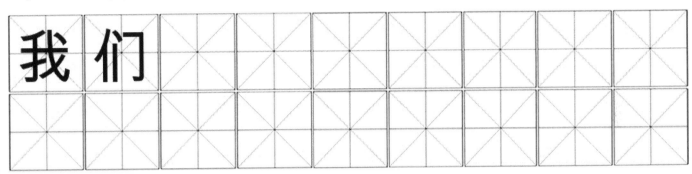

15. 你 (nǐ) - You

Example: 你是谁？ (Who are you?)

Pinyin: nǐ shì shuí ?

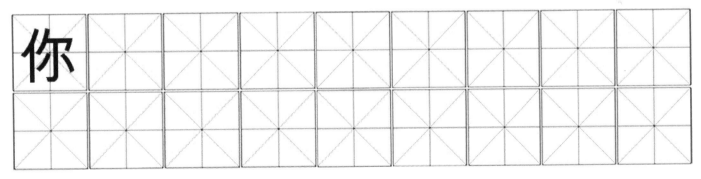

16. 你们 (nǐmen) - You (pl.)

Example: 你们有几个人 (How many people do you have? (collectively))

Pinyin: nǐ men yǒu jī gè rén

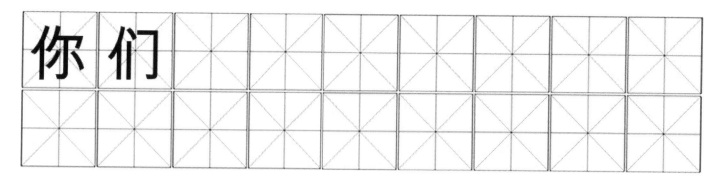

17. 他 (tā) - He, him

Example: 他是Mike (He is mike)

Pinyin: tā shì Mike

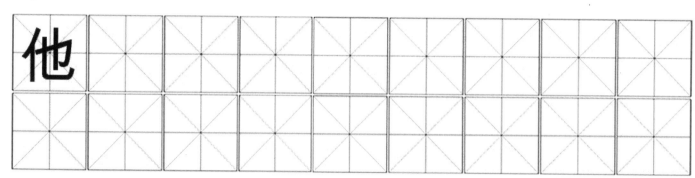

18. 她 (tā) - She, her

Example: Mike的朋友是她 (Mike's friend is her)

Pinyin: Mike de péng yǒu shì tā

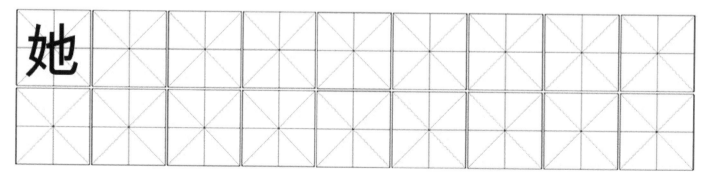

19. 他们 (tāmen) - They (male+female / male, pl.)

Example: 他们我的朋友 (They are my friends)

Pinyin: tā men wǒ de péng yǒu

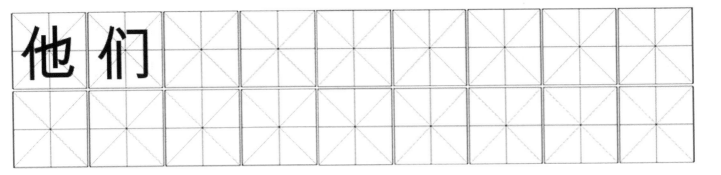

20. 她们 (tāmen) - They (females, pl.)

Example: 他们不是我的朋友 (Those girls are not my friend)

Pinyin: tā men bù shì wǒ de péng yǒu

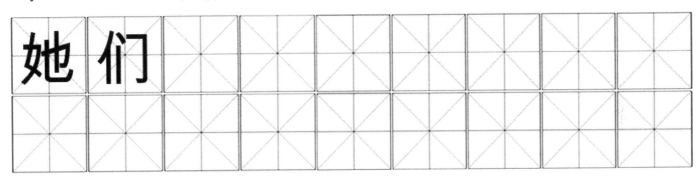

21. 这 (zhè) - This, here

Example: 这是什么？ (What is this?)

Pinyin: zhè shì shén me ？

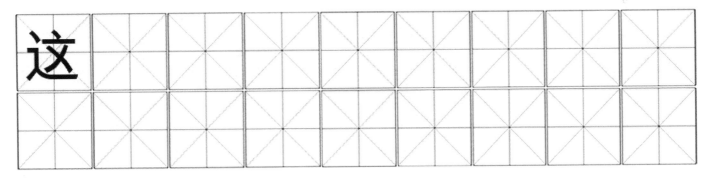

22. 哪 (nǎ) - Where

Example: 在哪？ (Where？)

Pinyin: zài nǎ ？

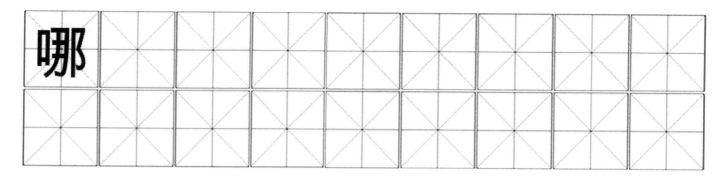

23. 那 (nà) - There, that

Example: 在那！(There！)

Pinyin: zài nà！

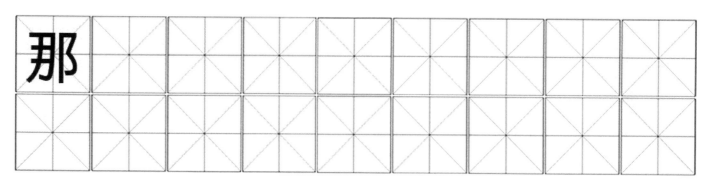

24. 谁 (shéi) - Who

Example: 她是谁？ (Who is she?)

Pinyin: tā shì shuí？

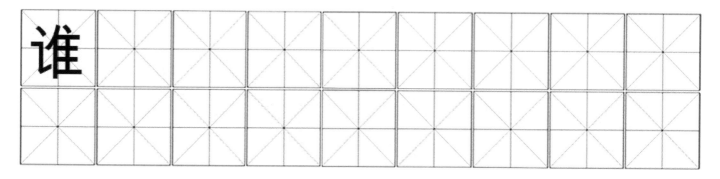

25. 什么 (shén me) - What, why

Example: 什么商店？ (What store?)

Pinyin: shén me shāng diàn？

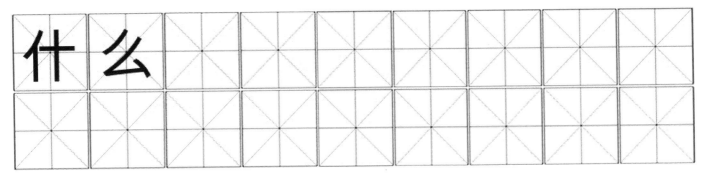

26. 多少 (duōshǎo) - How many, how much

Example: 多少钱？ (How much money?)

Pinyin: duō shǎo qián ?

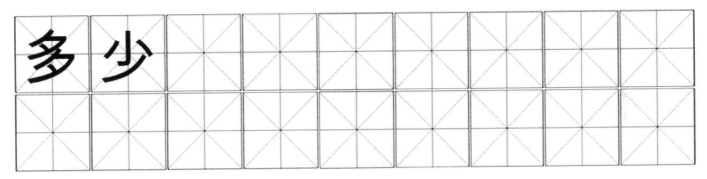

27. 几 (jǐ) - A few, how many

Example: 几个 (How many?)

Pinyin: jī gè

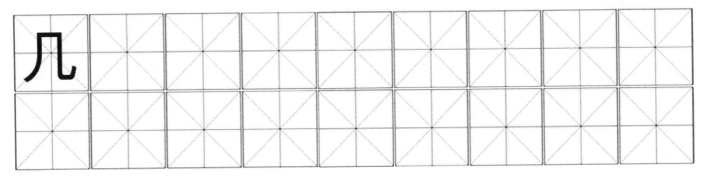

28. 怎么 (zěnme) - How

Example: 怎么去？ (How to go?)

Pinyin: zěn me qù ?

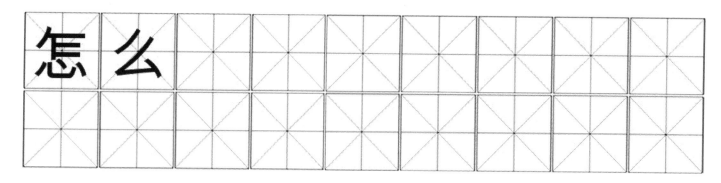

29. 怎么样 (zěnmeyàng) - How about

Example: 你怎么样？ (How are you?)

Pinyin: nǐ zěn me yáng ?

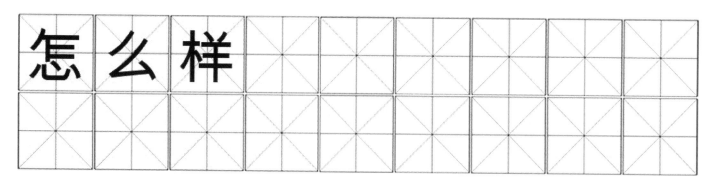

30. 岁 (suì) - Year

Example: 她二十岁 (She is 20 years old)

Pinyin: tā èr shí suì

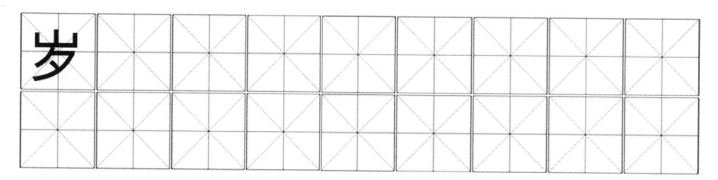

31. 本 (běn) - Volume

Example: 一本书 (One book)

Pinyin: yī běn shū

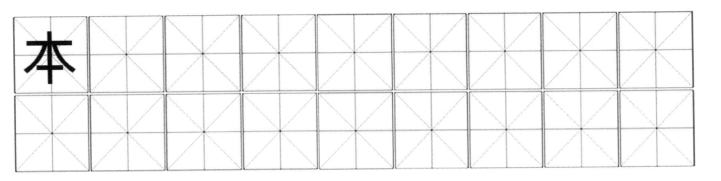

32. 些 (xiē) - Some

Example: 有 一些 咖啡 (Have some coffee)

Pinyin: yǒu yī xiē   kā fēi

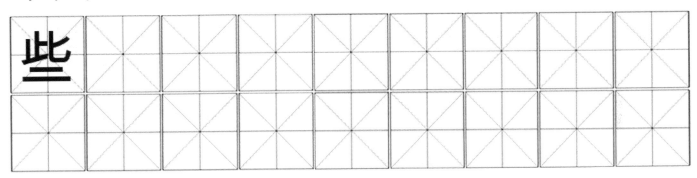

33. 块 (kuài) - Piece

Example: 一块钱RMB (1 rmb   （1 unit of currency)）

Pinyin: yī kuài qián RMB

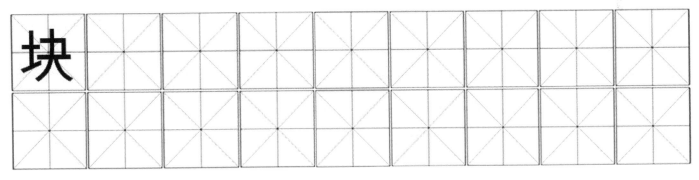

34. 不 (bù) - No

Example: 不太好 (Not very good)

Pinyin: bù tài hǎo

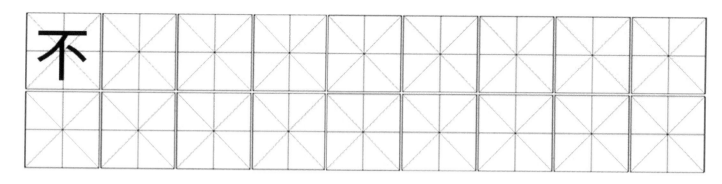

35. 没 (méi) - No

Example: 我没有男朋友 (I don't have a boyfriend)

Pinyin: wǒ méi yǒu nán péng yǒu

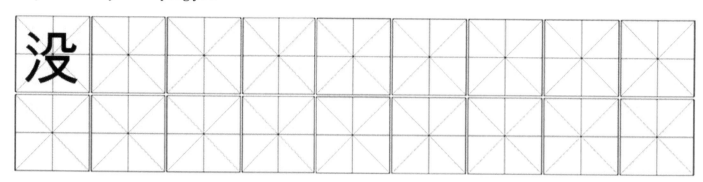

36. 很 (hěn) - Quite, very

Example: 你有很多朋友吗？ (Do you have a lot of friends?)

Pinyin: nǐ yǒu hěn duō péng yǒu ma ?

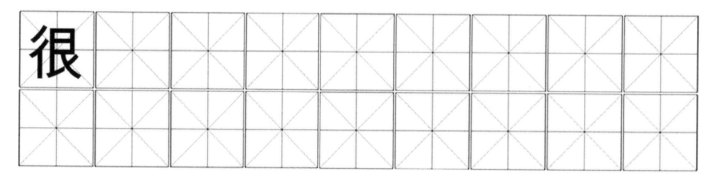

37. 太 (tài) - Too

Example: 不太冷 (Not very cold)

Pinyin: bù tài lěng

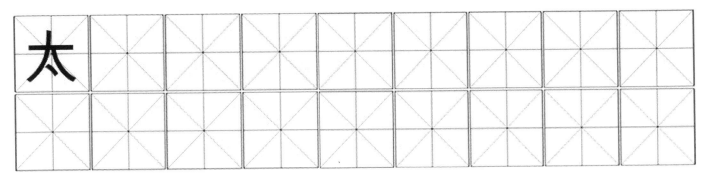

38. 都 (dōu) - All

Example: 我都喜欢。。。 (I like all of (them))

Pinyin: wǒ dū xǐ huān 。。。

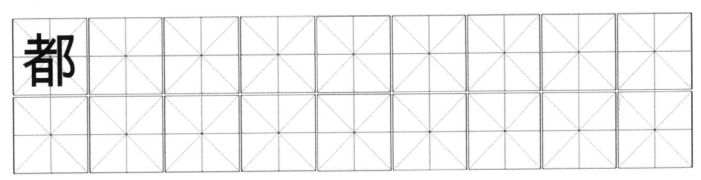

39. 和 (hé) - And

Example: 我和你 (Me and you)

Pinyin: wǒ hé nǐ

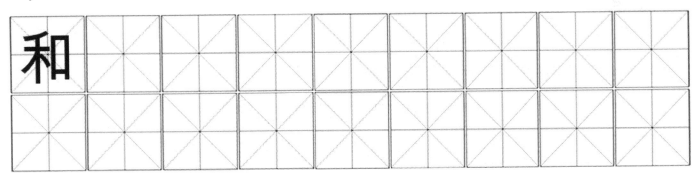

40. 在 (zài) - In, at

Example: 你在你的家吗？ (Are you at your house?)

Pinyin: nǐ zài nǐ de jiā ma ?

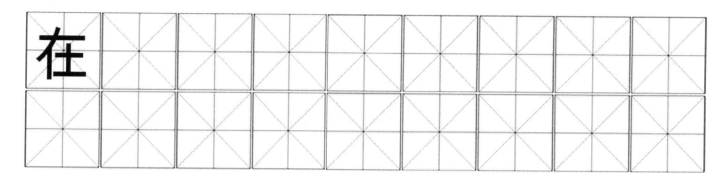

41. 的 (de) - Possession

Example: 我的家 (My house)

Pinyin: wǒ de jiā

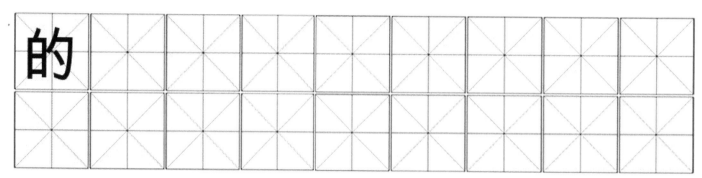

42. 了 (le) - Completion

Example: 你吃了吗？ (Did you eat yet?)

Pinyin: nǐ chī le ma ?

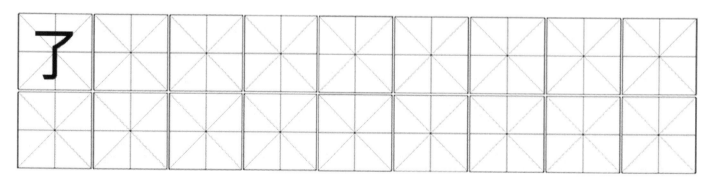

43. 吗 (ma) - Question particle

Example: 你好吗？ (How are you?)

Pinyin: nǐ hǎo ma ?

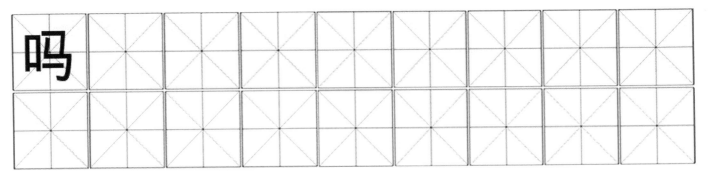

44. 呢 (ne) - "what about?" in relation to a previously asked question

Example: 你呢？ (And you? (or) what about you?)

Pinyin: nǐ ní ?

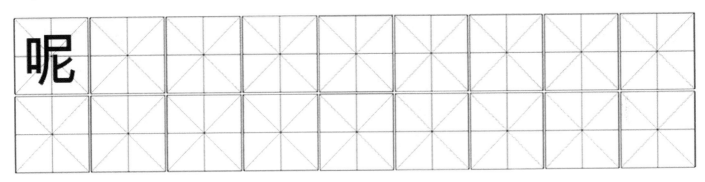

45. 喂 (wèi) - Hello

Example: 喂？ 你好！ (Hello? (answering a phone))

Pinyin: wèi ? nǐ hǎo ！

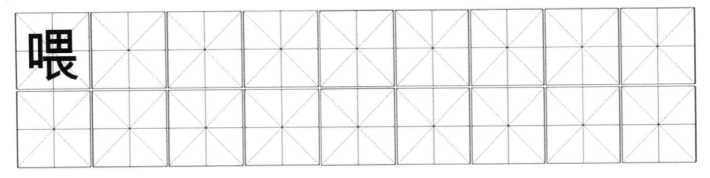

46. 家 (jiā) - Home

Example: 我们家 (Our house)

Pinyin: wǒ men jiā

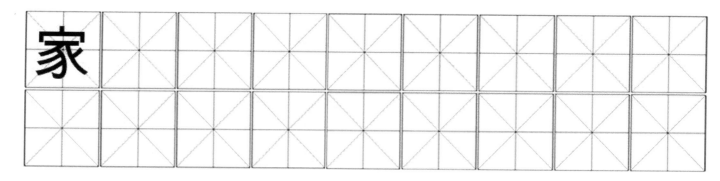

47. 学校 (xuéxiào) - School

Example: 他去学校 (He's off to school)

Pinyin: tā qù xué xiào

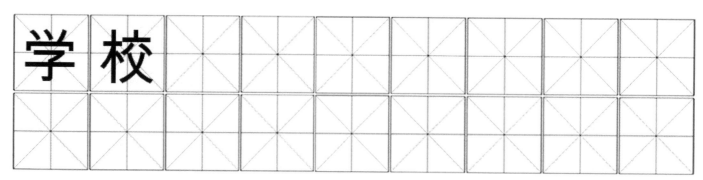

48. 饭店 (fàndiàn) - Restaurant

Example: 很好饭店 (Very good restaurant)

Pinyin: hěn hǎo fàn diàn

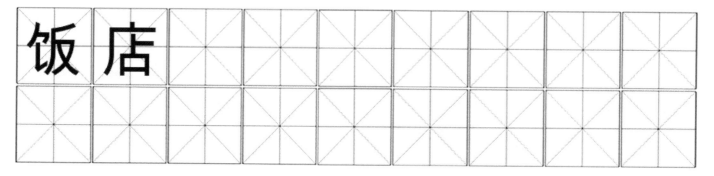

49. 商店 (shāngdiàn) - Store

Example: 这个商店 (This store)

Pinyin: zhè gè shāng diàn

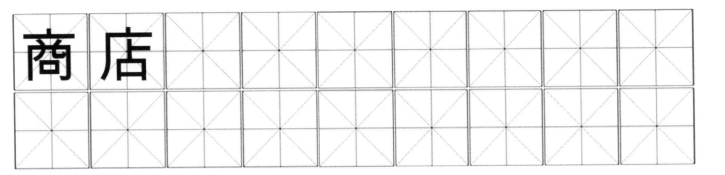

50. 医院 (yīyuàn) - Hospital

Example: 我的妈妈在医院 (My mother is at the hospital)

Pinyin: wǒ de mā mā zài yì yuàn

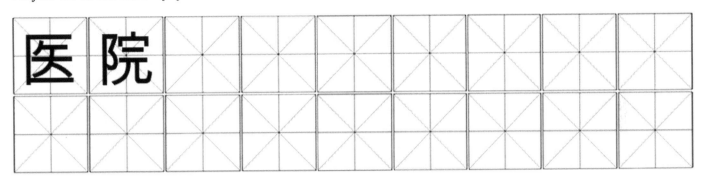

51. 火车站 (huǒchēzhàn) - Train station

Example: 火车站在哪？ (The train station is where?)

Pinyin: huǒ chē zhàn zài nǎ ?

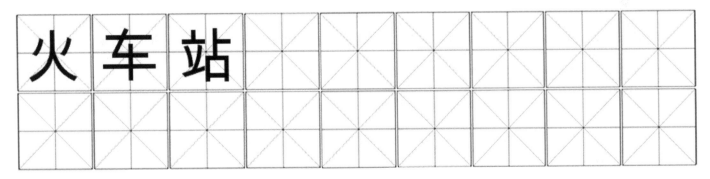

52. 中国 (zhōng guó) - China

Example: 我喜欢中国 (I like china)

Pinyin: wǒ xǐ huān zhōng guó

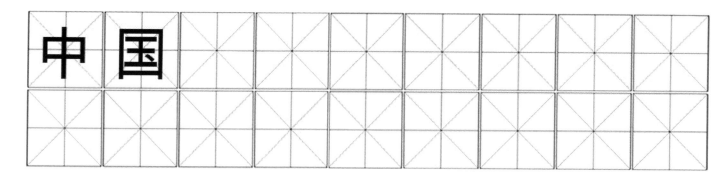

53. 北京 (běijīng) - Beijing

Example: 你喜欢北京吗?　(Do you like beijing?)

Pinyin: nǐ xǐ huān běi jīng ma ?

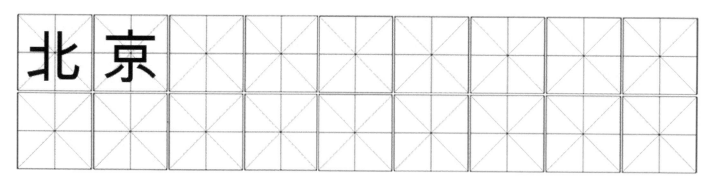

54. 上 (shàng) - Up

Example: 上午 (Morning)

Pinyin: shàng wǔ

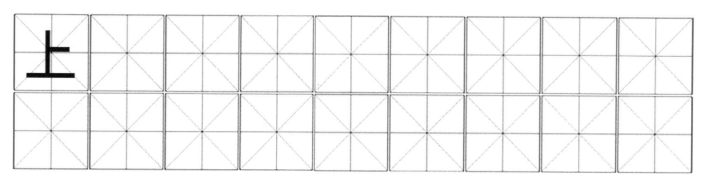

55. 下 (xià) - Down

Example: 下午 (Afternoon)

Pinyin: xià wǔ

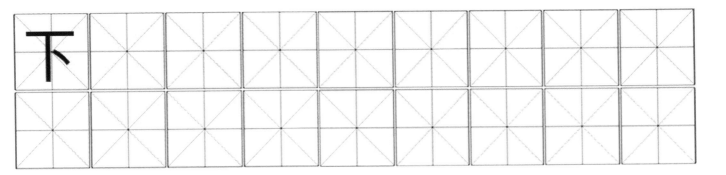

56. 前面 (qiánmiàn) - Front

Example: 他在医院前面 (He is in front of the hospital)

Pinyin: tā zài yì yuàn qián miàn

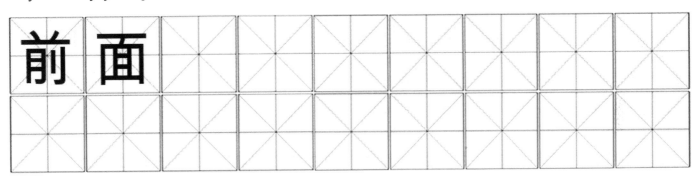

57. 后面 (hòumiàn) - Behind

Example: 他在商店后面 (He is behind the store)

Pinyin: tā zài shāng diàn hòu miàn

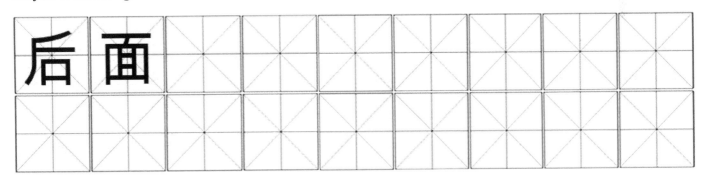

58. 里面 (lǐmiàn) - Inside

Example: 他去里面 (He went inside)

Pinyin: tā qù lǐ miàn

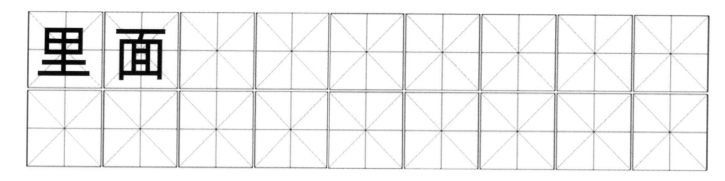

59. 今天 (jīntiān) - Today

Example: 今天很好 (Today is good)

Pinyin: jīn tiān hěn hǎo

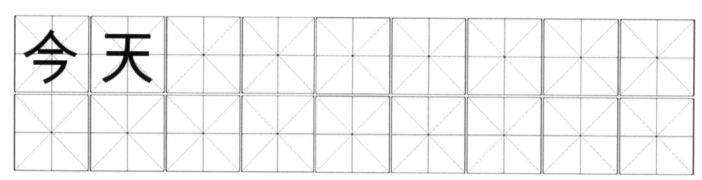

60. 明天 (míngtiān) - Tomorrow

Example: 明天我去北京 (Tomorrow i go to beijing)

Pinyin: míng tiān wǒ qù běi jīng

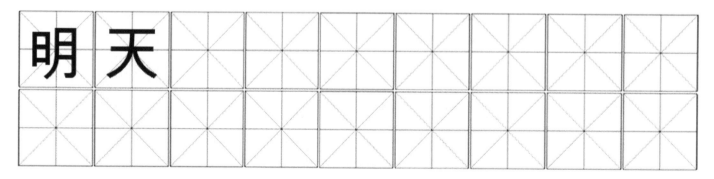

61. 昨天 (zuótiān) - Yesterday

Example: 昨天你有吗? (Yesterday did you have (it)?)

Pinyin: zuó tiān nǐ yǒu ma ?

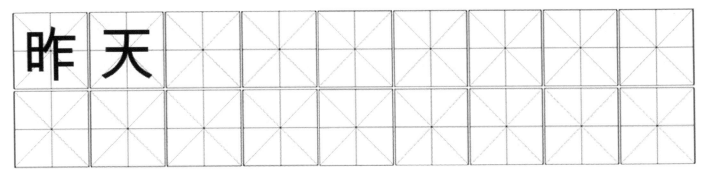

62. 上午 (shàngwǔ) - Morning

Example: 今天上午 (This (today) morning)

Pinyin: jīn tiān shàng wǔ

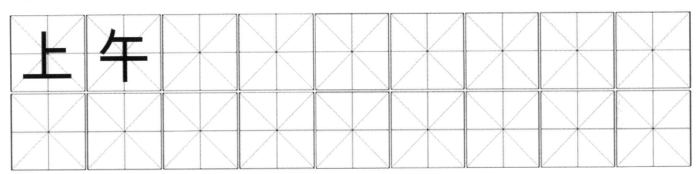

63. 中午 (zhōngwǔ) - Noon

Example: 中午饭 (Lunch)

Pinyin: zhōng wǔ fàn

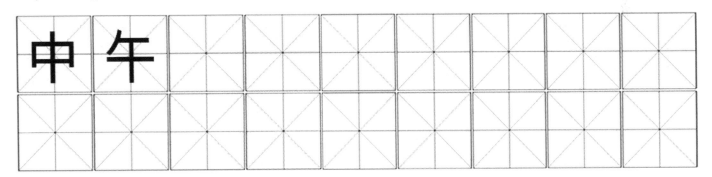

64. 下午 (xiàwǔ) - Afternoon

Example: 明天下午 (Tomorrow afternoon)

Pinyin: míng tiān xià wǔ

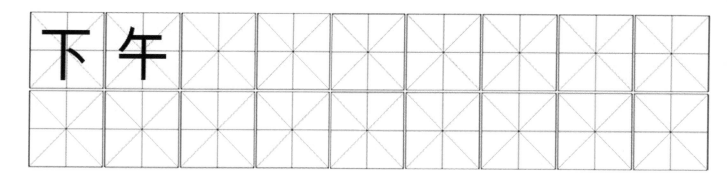

65. 年 (nián) - Year

Example: 一个年 (One year)

Pinyin: yī gè nián

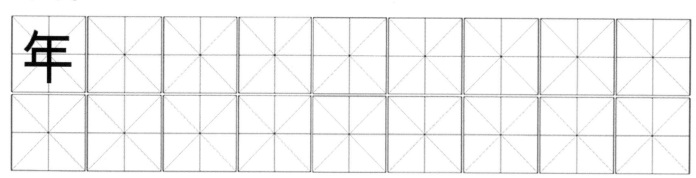

66. 月 (yuè) - Month

Example: 八月 (August)

Pinyin: bā yuè

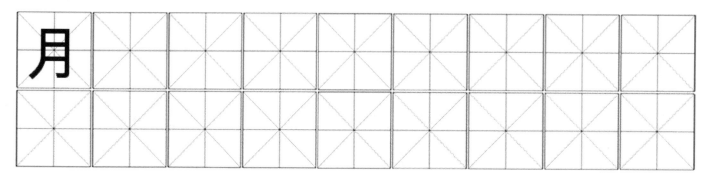

67. 日 (rì) - Day

Example: 今天是个好日子 (Today is a good day)

Pinyin: jīn tiān shì gè hǎo rì zǐ

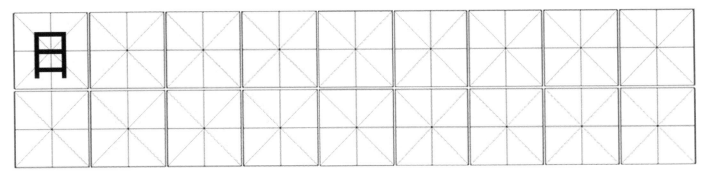

68. 星期 (xīngqī) - Week

Example: 一个星期 (1w)

Pinyin: yī gè xīng qī

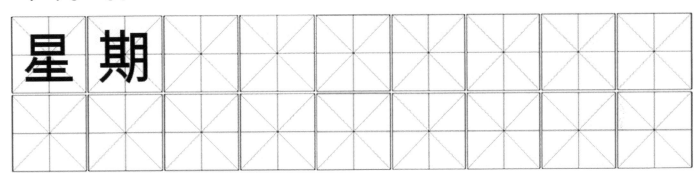

69. 点 (diǎn) - Dot, spot, time

Example: 今天几点上课 (What time is today's class?)

Pinyin: jīn tiān jǐ diǎn shàng kè

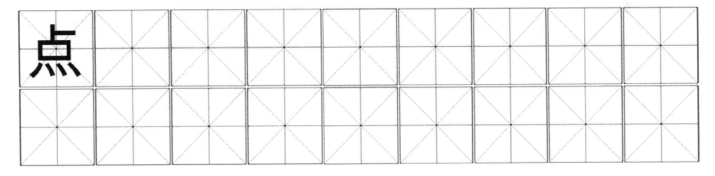

70. 分钟 (fēnzhōng) - Minute

Example: 10分钟 (10m)

Pinyin: 10 fēn zhōng

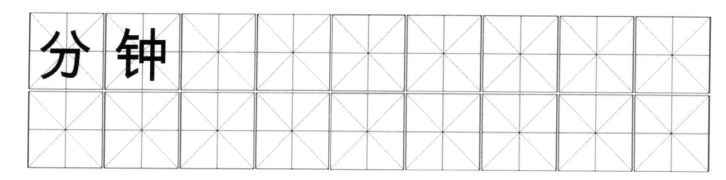

71. 现在 (xiànzài) - Now

Example: 现在上课 (Class is starting.)

Pinyin: xiàn zài shàng kè

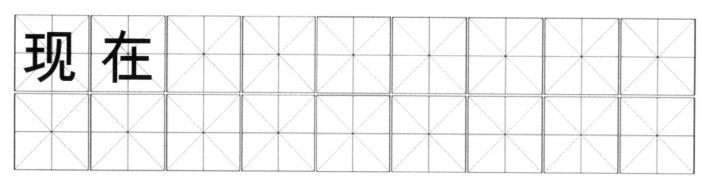

72. 时候 (shíhou) - Time

Example: 什么时候 (What time？)

Pinyin: shén me shí hòu

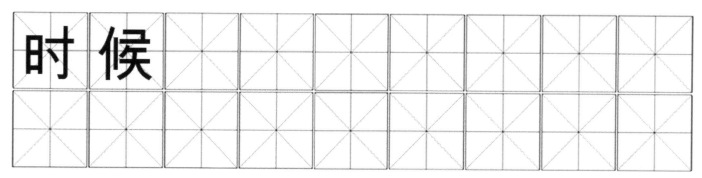

73. 爸爸 (bàba) - Father

Example: 他是我的爸爸 (He is my father)

Pinyin: tā shì wǒ de bà bà

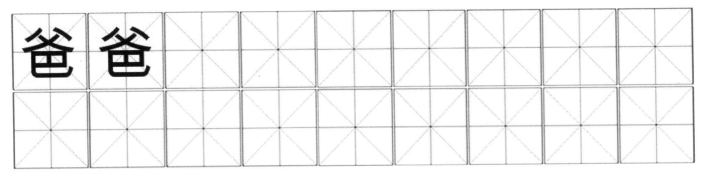

74. 妈妈 (māma) - Mother

Example: 我的妈妈在那 (My mother is there)

Pinyin: wǒ de mā mā zài nà

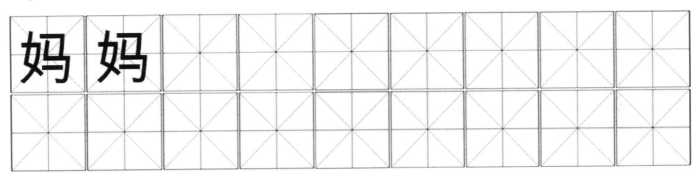

75. 儿子 (érzi) - Son

Example: 儿子我们走！(Son let's go!)

Pinyin: ér zǐ wǒ men zǒu ！

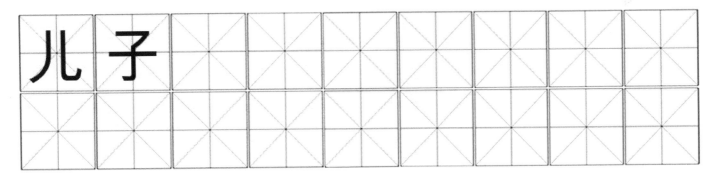

76. 女儿 (nǚér) - Daughter

Example: 你的女儿很漂亮 (Your daughter is very pretty)

Pinyin: nǐ de nǚ ér hěn piāo liàng

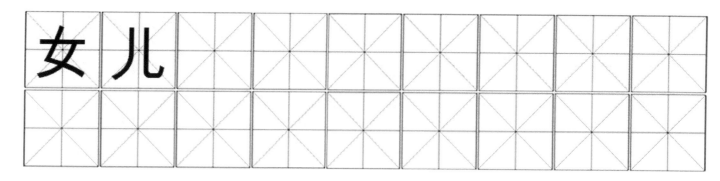

77. 老师 (lǎoshī) - Teacher

Example: 我是老师 (I am a teacher)

Pinyin: wǒ shì lǎo shī

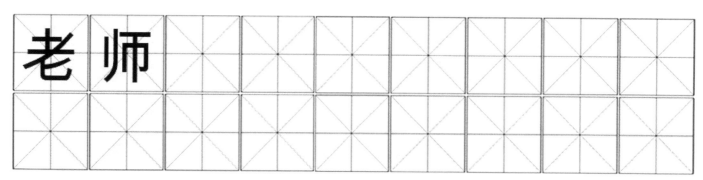

78. 学生 (xuéshēng) - Student

Example: 她是我的学生 (She is my student)

Pinyin: tā shì wǒ de xué shēng

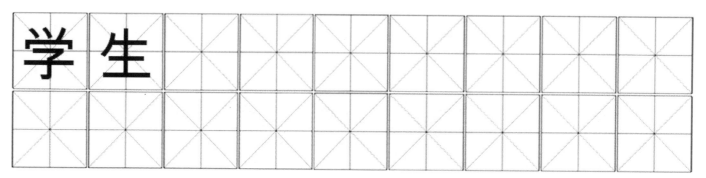

79. 同学 (tóngxué) - School mate

Example: 他们是同学 (They are school mates)

Pinyin: tā men shì tóng xué

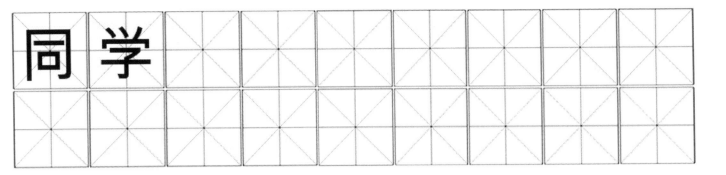

80. 朋友 (péngyou) - Friend

Example: 他们是朋友 (They are friends)

Pinyin: tā men shì péng yǒu

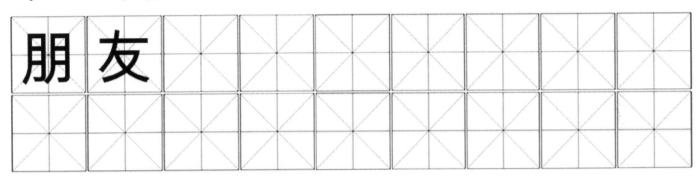

81. 医生 (yīshēng) - Doctor

Example: 医生在哪？ (The doctor is where?)

Pinyin: yì shēng zài nǎ？

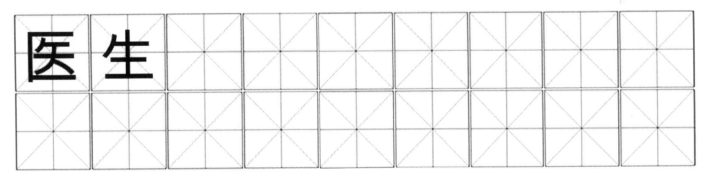

82. 先生 (xiānsheng) - Sir

Example: 你好John先生 (Hello mr john)

Pinyin: nǐ hǎo John xiān shēng

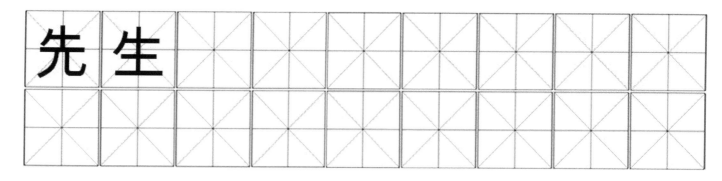

83. 小姐 (xiǎojiě) - Miss

Example: Mary小姐很漂亮 (Miss mary is very pretty.)

Pinyin: Mary xiǎo jiě hěn piāo liàng

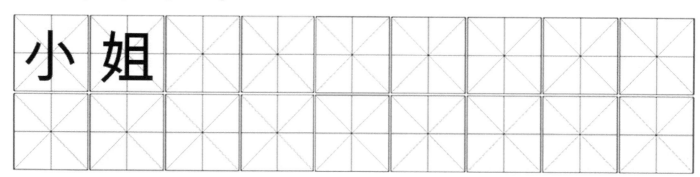

84. 衣服 (yīfu) - Clothes

Example: 这个衣服多少钱？ (How much do these clothes cost?)

Pinyin: zhè gè yī fú duō shǎo qián ?

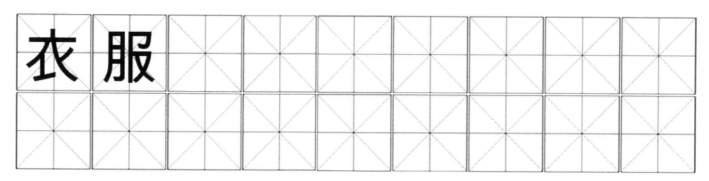

85. 水 (shuǐ) - Water

Example: 喝水 (Drink water)

Pinyin: hē shuǐ

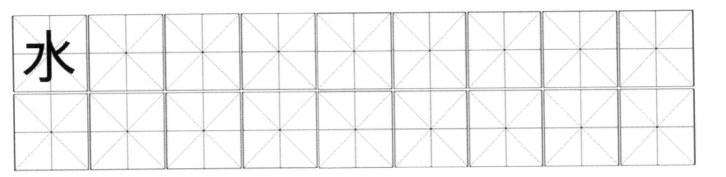

86. 菜 (cài) - Vegetable

Example: 很多菜 (A lot of vegetables)

Pinyin: hěn duō cài

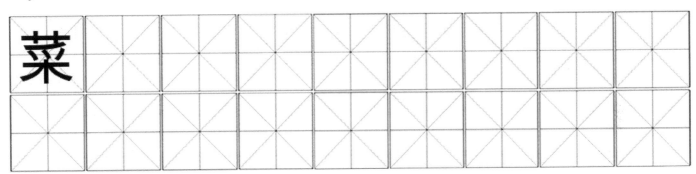

87. 米饭 (mǐfàn) - Rice

Example: 我不要米饭 (I don't want rice)

Pinyin: wǒ bù yào mǐ fàn

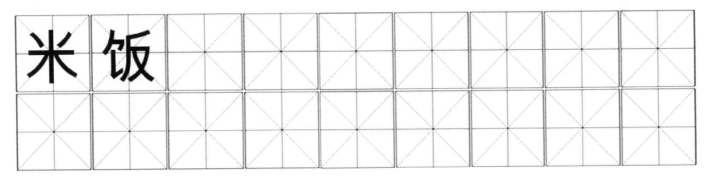

88. 水果 (shuǐguǒ) - Fruit

Example: 这个水果是什么？ (What fruit is this?)

Pinyin: zhè gè shuǐ guǒ shì shén me ?

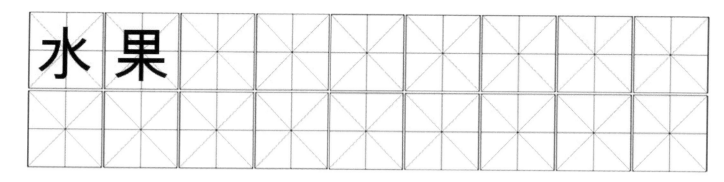

89. 苹果 (píngguǒ) - Apple

Example: 苹果是水果 (An apple is a fruit)

Pinyin: píng guǒ shì shuǐ guǒ

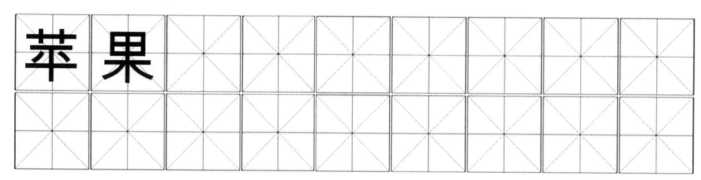

90. 茶 (chá) - Tea

Example: 你要喝茶吗？ (Do you want tea to drink?)

Pinyin: nǐ yào hē chá ma ?

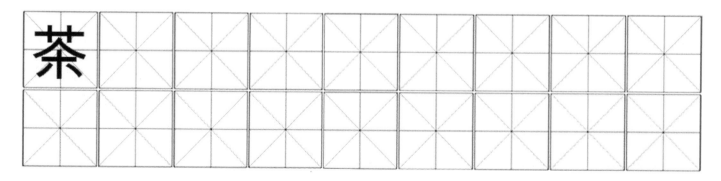

91. 杯子 (bēizi) - Cup

Example: 我要一个杯子 (I want one cup)

Pinyin: wǒ yào yī gè bēi zǐ

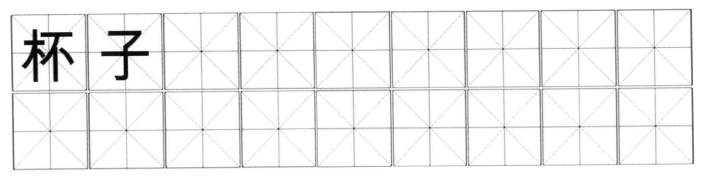

92. 钱 (qián) - Money

Example: 多少钱？ (How much money?)

Pinyin: duō shǎo qián ?

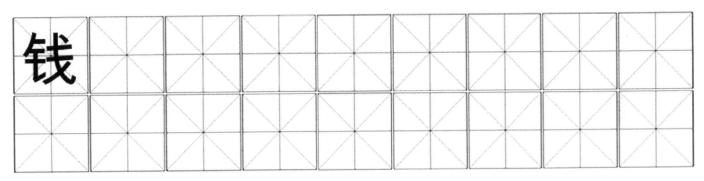

93. 飞机 (fēijī) - Airplane

Example: 飞机很大 (A big airplane)

Pinyin: fēi jī hěn dà

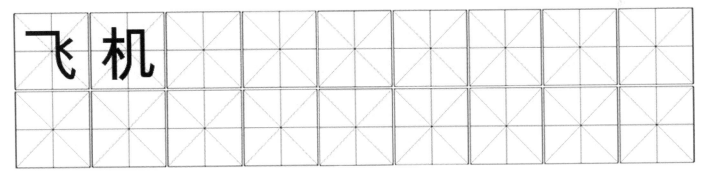

94. 出租车 (chūzūchē) - Taxi

Example: 我要出租车 (I want a taxi)

Pinyin: wǒ yào chū zū chē

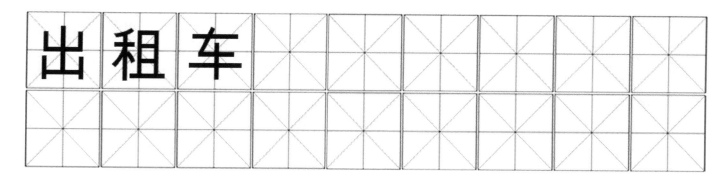

95. 电视 (diànshì) - Television

Example: 我喜欢看电视 (I like watching tv)

Pinyin: wǒ xǐ huān kàn diàn shì

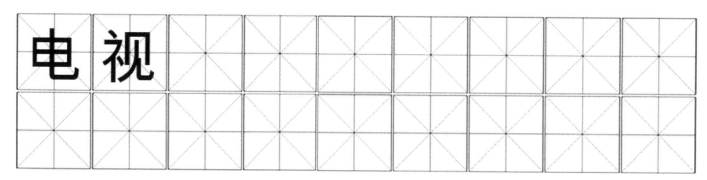

96. 电脑 (diànnǎo) - Computer

Example: 我喜欢用电脑 (I like to use the computer)

Pinyin: wǒ xǐ huān yòng diàn nǎo

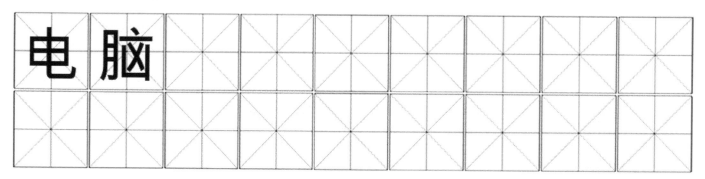

97. 电影 (diànyǐng) - Movie

Example: 这个电影多少钱？ (How much does this movie cost?)

Pinyin: zhè gè diàn yǐng duō shǎo qián ?

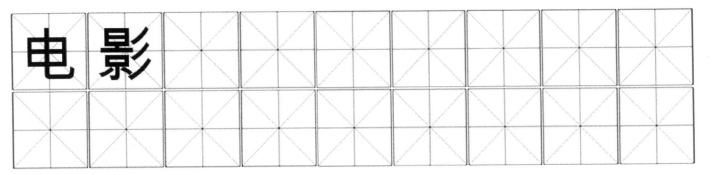

98. 天气 (tiānqì) - Weather

Example: 今天天气非常好 (Today's weather is really good!)

Pinyin: jīn tiān tiān qì fēi cháng hǎo

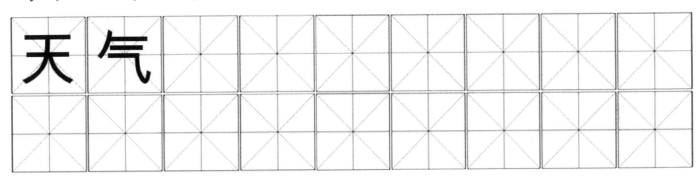

99. 猫 (māo) - Cat

Example: 我的妈妈的猫 (My mothers cat)

Pinyin: wǒ de mā mā de māo

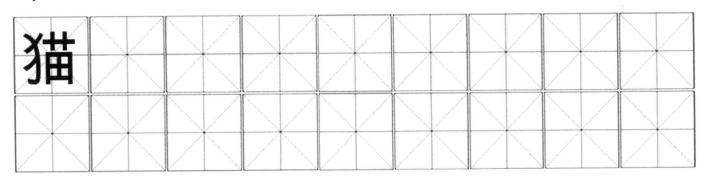

100. 狗 (gǒu) - Dog

Example: 这是我的狗 (This is my dog)

Pinyin: zhè shì wǒ de gǒu

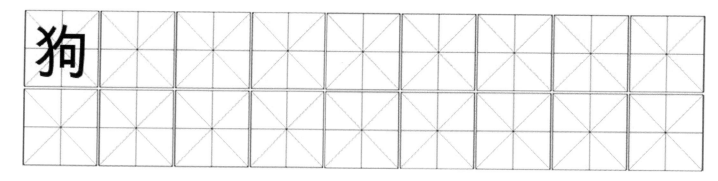

101. 东西 (dōngxi) - Thing

Example: 吃点东西 (Eat something)

Pinyin: chī diǎn dōng xī

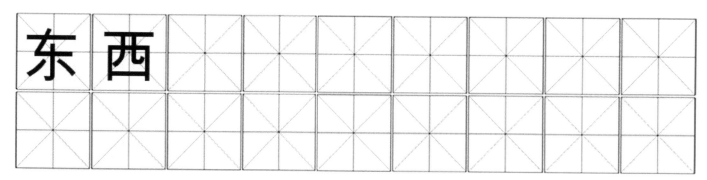

102. 人 (rén) - Person

Example: 很多人 (A lot of people)

Pinyin: hěn duō rén

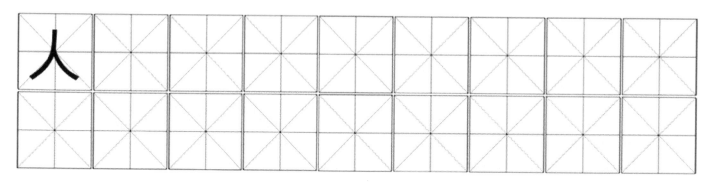

103. 名字 (míngzi) - Name

Example: 你的名字是什么？ (What is your name?)

Pinyin: nǐ de míng zì shì shén me ?

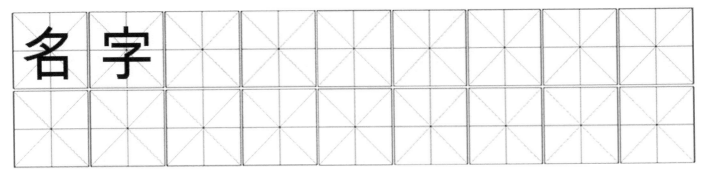

104. 书 (shū) - Book

Example: 你有很多书 (You have a lot of books)

Pinyin: nǐ yǒu hěn duō shū

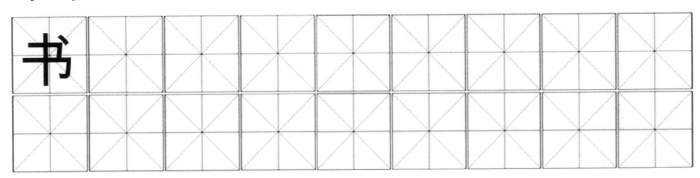

105. 汉语 (hànyǔ) - Mandarin chinese

Example: 学习中文 (Learn chinese)

Pinyin: xué xí zhōng wén

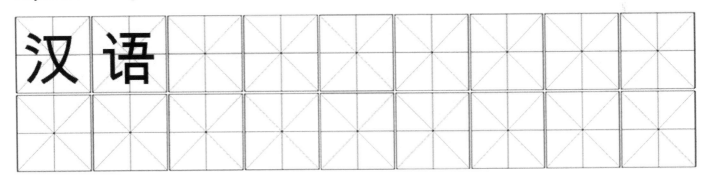

106. 字 (zì) - Character

Example: 汉字 (Chinese characters)

Pinyin: hàn zì

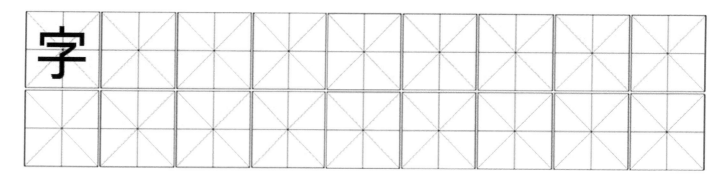

107. 桌子 (zhuōzi) - Desk

Example: 他的桌子 (His desk)

Pinyin: tā de zhuō zǐ

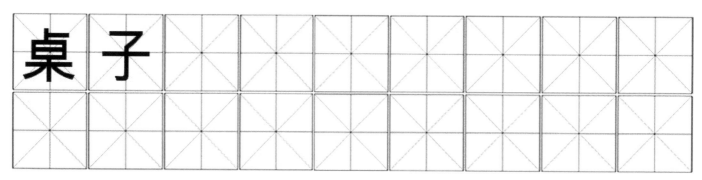

108. 椅子 (yǐzi) - Chair

Example: 她的椅子 (Her chair)

Pinyin: tā de yǐ zǐ

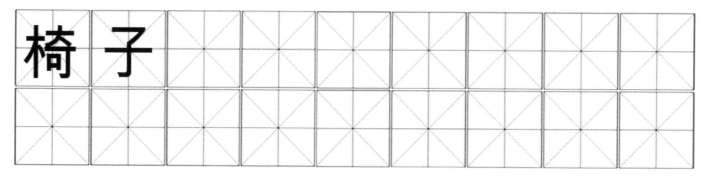

109. 谢谢 (xièxie) - Thanks

Example: 谢谢你 (Thank you)

Pinyin: xiè xiè nǐ

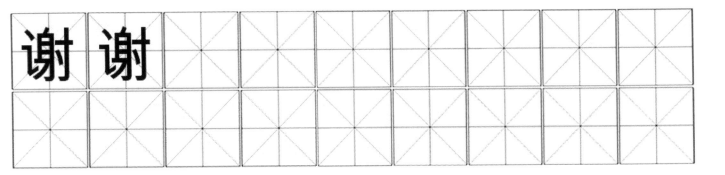

110. 不客气 (búkèqì) - You are welcome

Example: 不客气 (You are welcome)

Pinyin: bù kè qì

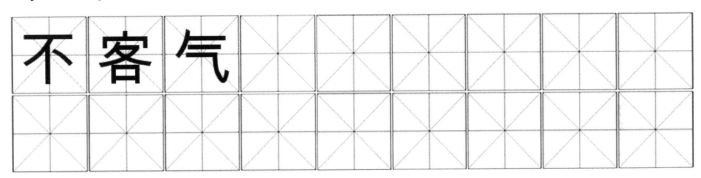

111. 再见 (zàijiàn) - Good-bye

Example: 再见 (See you~)

Pinyin: zài jiàn

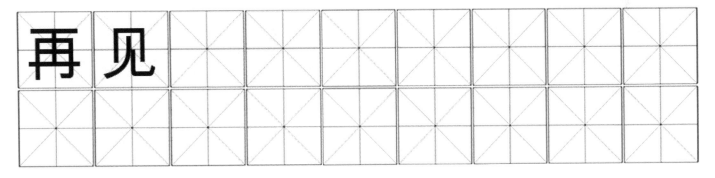

112. 请 (qǐng) - Please

Example: 请 (Please)

Pinyin: qǐng

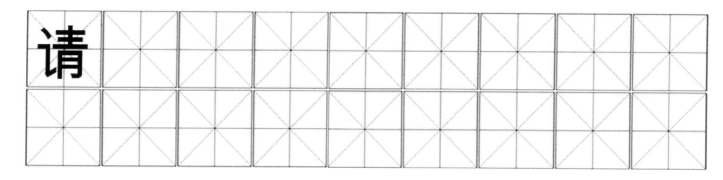

113. 对不起 (duìbùqǐ) - Sorry

Example: 啊！对不起 (Ah！sorry)

Pinyin: a ！ duì bù qǐ

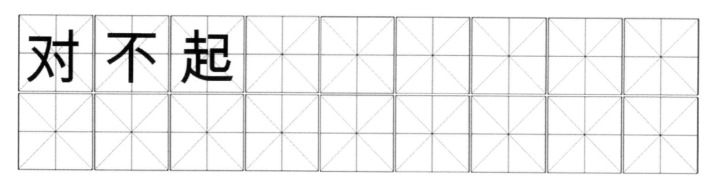

114. 没关系 (méiguānxì) - It doesn't matter

Example: 没关系 (It's ok)

Pinyin: méi guān xì

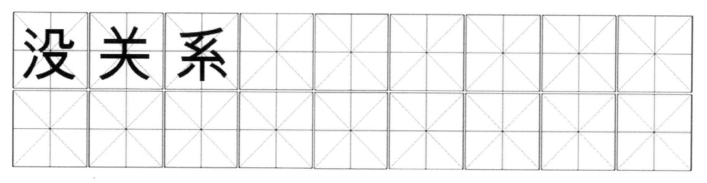

115. 是 (shì) - Be (am, is, are)

Example: 他是我的朋友 (He is my friend)

Pinyin: tā shì wǒ de péng yǒu

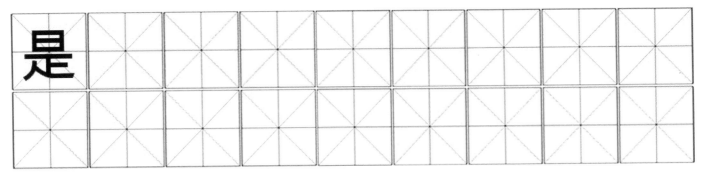

116. 有 (yǒu) - Have

Example: 你有没有一个？ (Do you or don't you have one?)

Pinyin: nǐ yǒu méi yǒu yī gè？

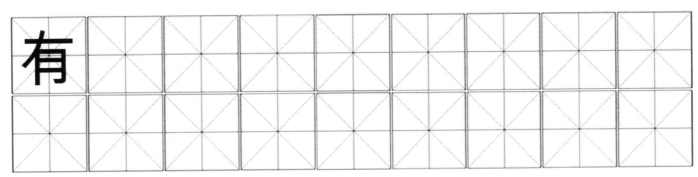

117. 看 (kàn) - Look

Example: 你看！(Look！)

Pinyin: nǐ kàn ！

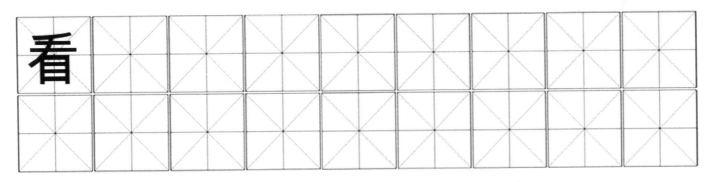

118. 听 (tīng) - Listen

Example: 你听懂吗？ (Do you understand?)

Pinyin: nǐ tīng dǒng ma ？

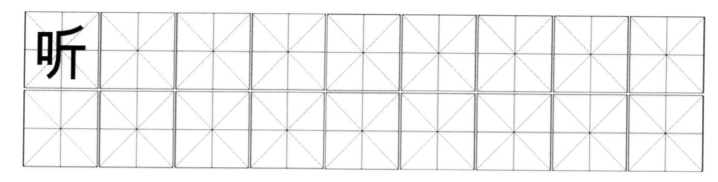

119. 说话 (shuōhuà) - Speak

Example: 他不会说话中文 (He doesn't speak chinese)

Pinyin: tā bù huì shuō huà zhōng wén

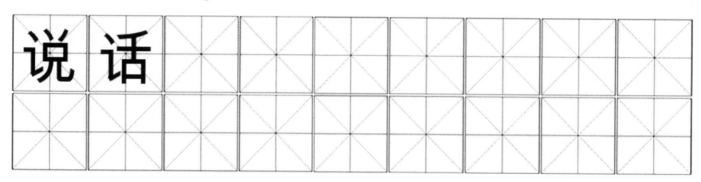

120. 读 (dú) - Read

Example: 我读了这个书 (I read this book)

Pinyin: wǒ dú le zhè gè shū

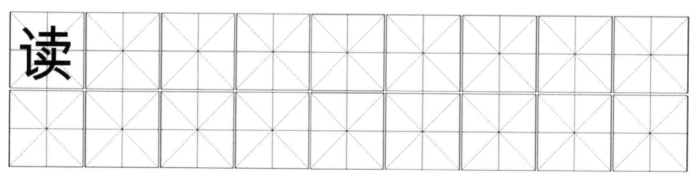

121. 写 (xiě) - Write

Example: 不，我没写 (No, i didn't write it)

Pinyin: bù ， wǒ méi xiě

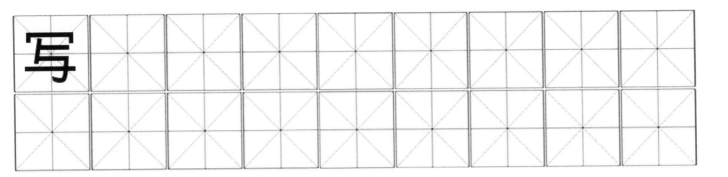

122. 看见 (kànjiàn) - See

Example: 你在哪里看见他了？ (Where did you see him?)

Pinyin: nǐ zài nǎ lǐ kàn jiàn tā le ?

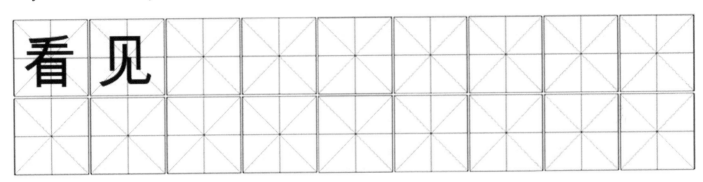

123. 叫 (jiào) - Call

Example: 你的朋友叫Mary吗？ (Your friends name is marry?)

Pinyin: nǐ de péng yǒu jiào Mary ma ?

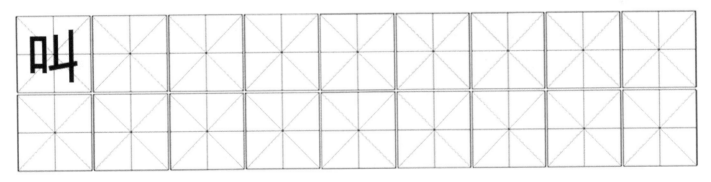

124. 来 (lái) - Come

Example: 我回来了 (I came back)

Pinyin: wǒ huí lái le

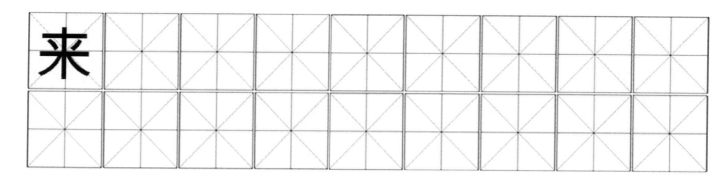

125. 回 (huí) - Return

Example: 我回家 (I return home)

Pinyin: wǒ huí jiā

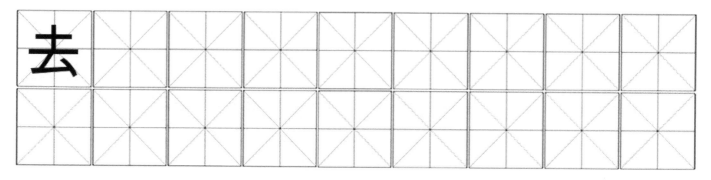

126. 去 (qù) - Go

Example: 我去商店 (I go to the super market)

Pinyin: wǒ qù shāng diàn

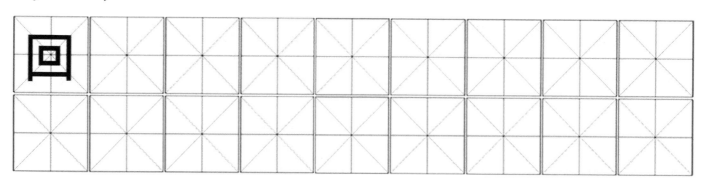

127. 吃 (chī) - Eat

Example: 你吃了吗? (Did you eat? are you ok?)

Pinyin: nǐ chī le ma ?

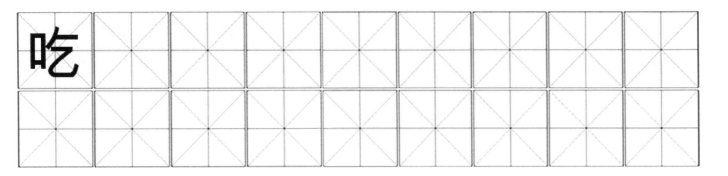

128. 喝 (hē) - Drink

Example: 你喝了吗？ (Did you drink?)

Pinyin: nǐ hē le ma ?

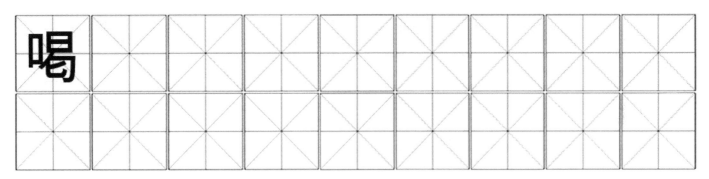

129. 睡觉 (shuìjiào) - Sleep

Example: 他在睡觉 (He is sleeping)

Pinyin: tā zài shuì jué

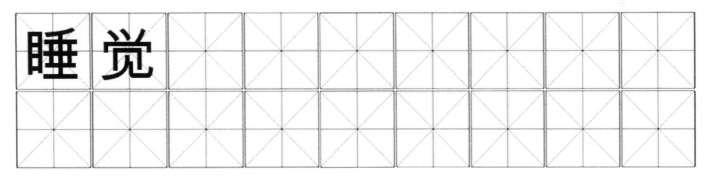

130. 打电话 (dǎdiànhuà) - Call up

Example: 我会打电话 (I will call)

Pinyin: wǒ huì dǎ diàn huà

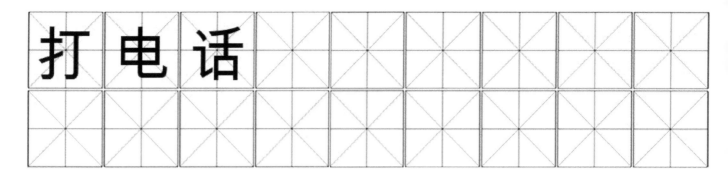

131. 做 (zuò) - Do

Example: 你做了什么？ (What did you do?)

Pinyin: nǐ zuò le shén me？

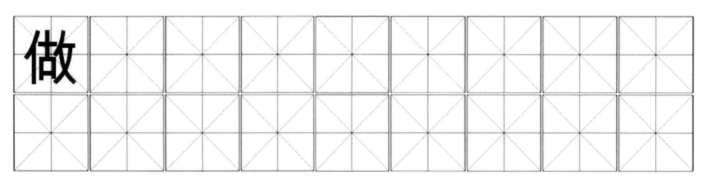

132. 买 (mǎi) - Buy

Example: 我要买一点儿东西 (I want to buy something)

Pinyin: wǒ yào mǎi yī diǎn ér dōng xī

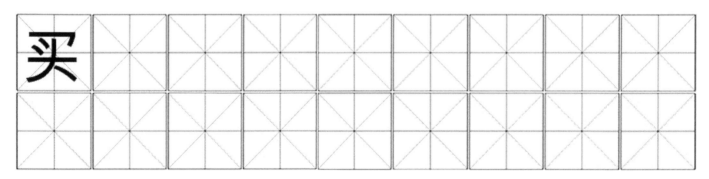

133. 开 (kāi) - Open

Example: 商店开了 (The store is open)

Pinyin: shāng diàn kāi le

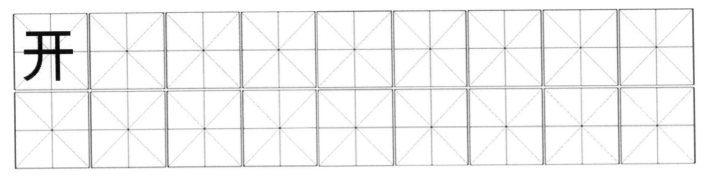

134. 坐 (zuò) - Sit

Example: 我喜欢坐 (I like to sit)

Pinyin: wǒ xǐ huān zuò

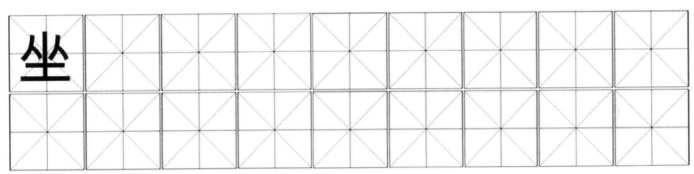

135. 住 (zhù) - Live

Example: 你住在哪儿？ (You live where?)

Pinyin: nǐ zhù zài nǎ ér ？

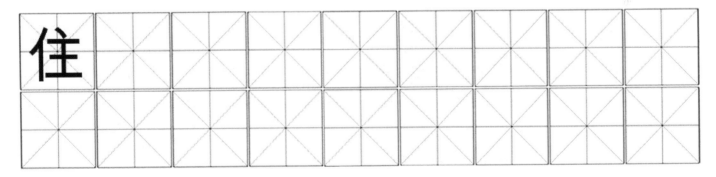

136. 学习 (xuéxí) - Study

Example: 我学习中文 (I study chinese (language))

Pinyin: wǒ xué xí zhōng wén

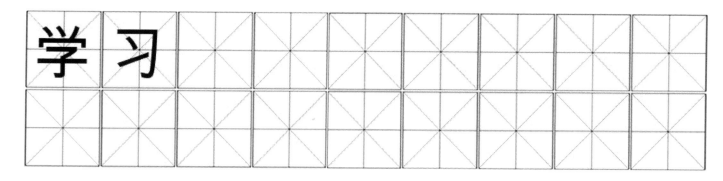

137. 工作 (gōngzuò) - Work

Example: 我的工作是... (My job is ...)

Pinyin: wǒ de gōng zuò shì ...

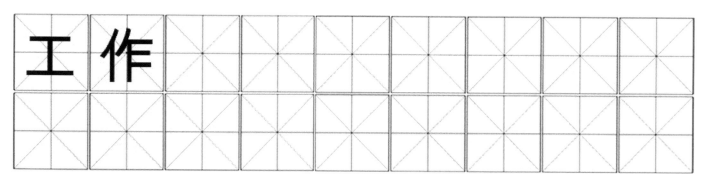

138. 下雨 (xiàyǔ) - Rain

Example: 很大下雨 (A lot of rain / heavy rain)

Pinyin: hěn dà xià yǔ

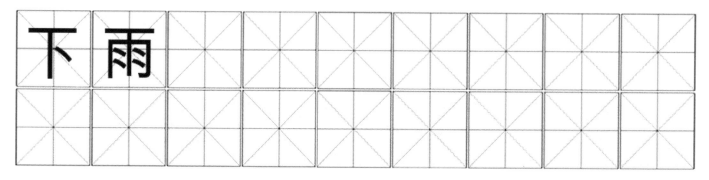

139. 爱 (ài) - Love

Example: 我爱你 (I love you)

Pinyin: wǒ ài nǐ

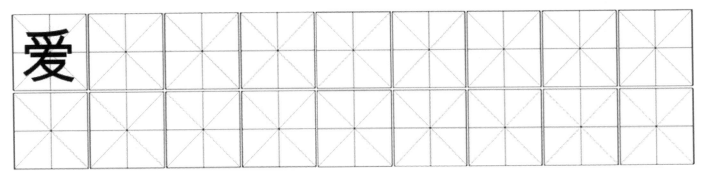

140. 喜欢 (xǐhuān) - Love, like

Example: 我也喜欢 (I also like)

Pinyin: wǒ yě xǐ huān

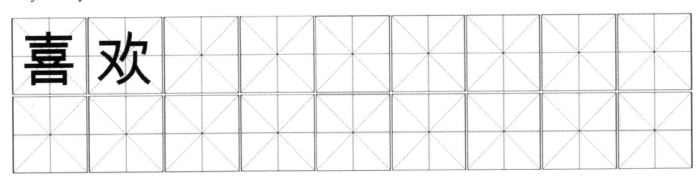

141. 想 (xiǎng) - Want

Example: 我想喝一点儿东西 (I would like something to drink)

Pinyin: wǒ xiǎng hē yī diǎn ér dōng xī

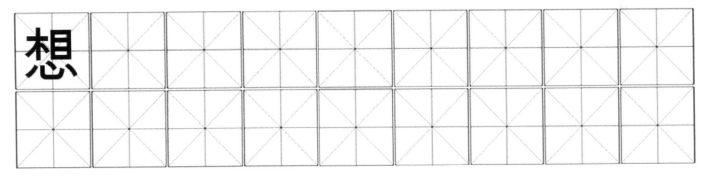

142. 认识 (rènshi) - Know

Example: 我很高兴认识你 (I am happy to meet you)

Pinyin: wǒ hěn gāo xīng rèn shì nǐ

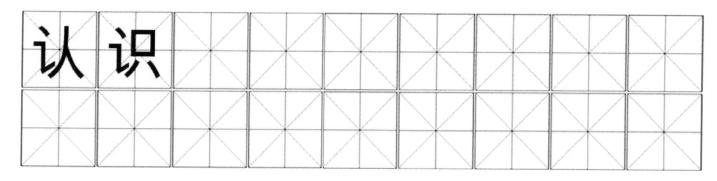

143. 会 (huì) - Can

Example: 我会说话 (I can speak)

Pinyin: wǒ huì shuō huà

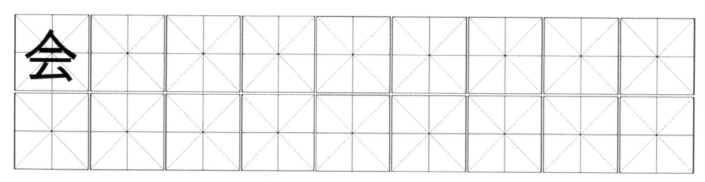

144. 能 (néng) - Can, be able to

Example: 我不能 (I can't!)

Pinyin: wǒ bù néng

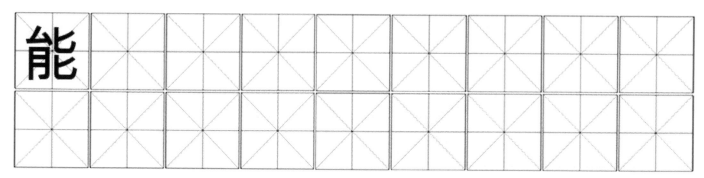

145. 好 (hǎo) - Good

Example: 很好 (Very good!)

Pinyin: hěn hǎo

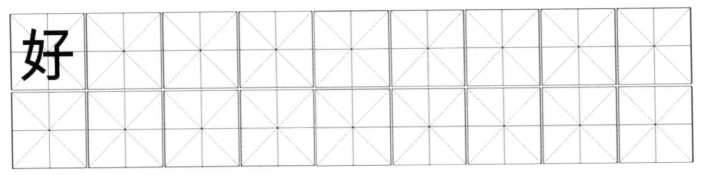

146. 大 (dà) - Big

Example: 他很大 (He's very big)

Pinyin: tā hěn dà

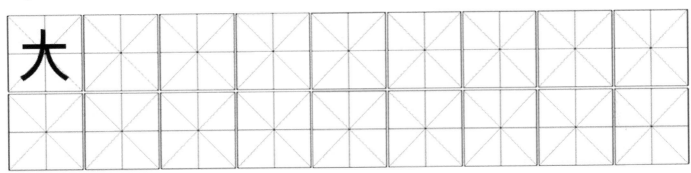

147. 小 (xiǎo) - Small

Example: 她不小 (She isn't small)

Pinyin: tā bù xiǎo

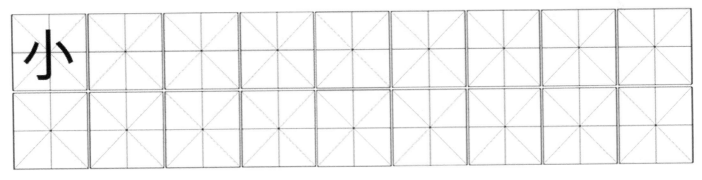

148. 多 (duō) - Many, much

Example: 她有很多朋友 (She has a lot of friends)

Pinyin: tā yǒu hěn duō péng yǒu

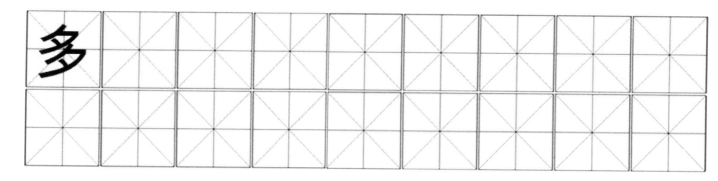

149. 少 (shǎo) - Few, little

Example: 很少的书 (Very few books)

Pinyin: hěn shǎo de shū

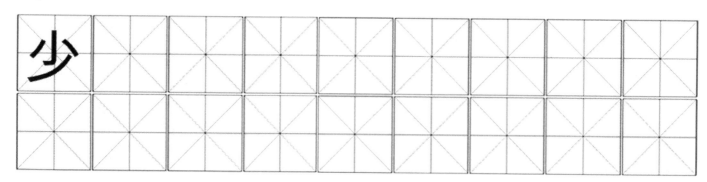

150. 冷 (lěng) - Cold

Example: 茶不冷 (The tea isn't cold)

Pinyin: chá bù lěng

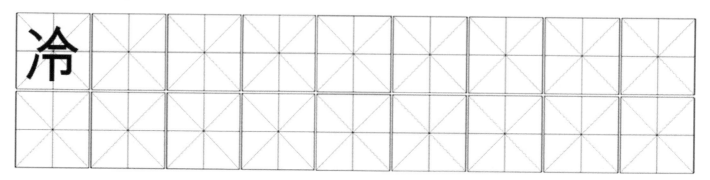

151. 热 (rè) - Hot

Example: 茶很热 (The tea is hot)

Pinyin: chá hěn rè

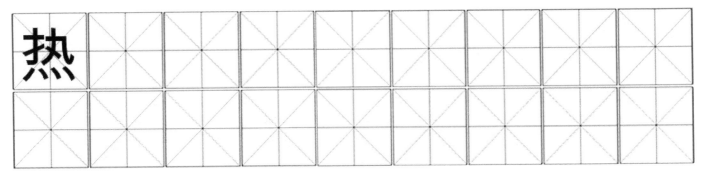

152. 高兴 (gāoxìng) - Happy

Example: 我很高兴 (I am happy)

Pinyin: wǒ hěn gāo xīng

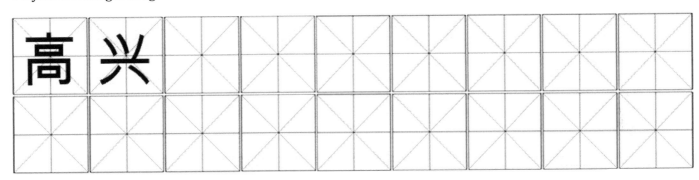

153. 漂亮 (piàoliàng) - Beautiful

Example: 她们很漂亮 (They are very pretty)

Pinyin: tā men hěn piāo liàng

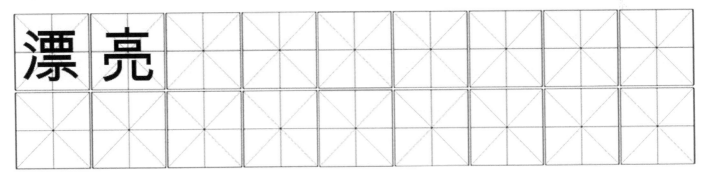

Congrats you've completed the book! At this point if you've completed writing piratic for all 153 HSK 1 words, you have a firm grasp on the characters, the pronunciation and even how to use them in a sentence. You are ready to take the HSK test! Good luck and let us know how you did!

If you found this book helpful, please leave a review on Amazon!

Printed in Great Britain
by Amazon